海工大外训

海军工程大学涉外丛书

涉外交流学概论

主　编　喻子敬　邓　波
副主编　彭克慧

WUHAN UNIVERSITY PRESS
武汉大学出版社

图书在版编目(CIP)数据

涉外交流学概论/喻子敬,邓波主编.—武汉:武汉大学出版社,2015.12
海军工程大学涉外丛书
ISBN 978-7-307-16963-0

Ⅰ.涉… Ⅱ.①喻… ②邓… Ⅲ.外交学—高等学校—教材
Ⅳ.D80

中国版本图书馆 CIP 数据核字(2015)第 240693 号

封面图片为上海富昱特授权使用(ⓒ IMAGEMORE Co., Ltd.)

责任编辑:胡国民　　责任校对:汪欣怡　　版式设计:马　佳

出版发行:**武汉大学出版社**　(430072　武昌　珞珈山)
(电子邮件:cbs22@ whu. edu. cn　网址:www. wdp. com. cn)
印刷:湖北省荆州市今印印务有限公司
开本:720×1000　1/16　印张:11.5　字数:200 千字　插页:2
版次:2015 年 12 月第 1 版　2015 年 12 月第 1 次印刷
ISBN 978-7-307-16963-0　定价:26.00 元

前　　言

在经济一体化、文化多元化、传媒国际化趋势显著增强的今天，各国家、各民族、各领域的交往愈加频繁和深入。在这个多元文化并存的时代，由于个人之间、组织之间、民族之间、国家之间存在着文化差异甚至文化沟壑，如何掌握涉外交流的知识、方法与技巧，提高涉外交流能力和跨文化调适能力，就成为广大民众，特别是青年学生的强烈需求。当前，涉外交流的教学及研究在国内外也呈现出蓬勃发展的良好趋势。然而，尽管很多高校已经开展了涉外交流或跨文化交流培训工作，但大部分涉外交流教材侧重于从专业和学术角度来宣讲跨文化人际交流与群体交流，市面上缺少针对非涉外专业的高校学生编写的概论性基础教材，尤其是军事类院校的涉外交流学培训教材在国内一直是一个空白。

海军是一个国际性军种。随着国家和军队对外交往的日益增加，中国海军必将更深入广泛地与外国、外军交流接触，海军院校有效加强学员对外交往能力的任务也愈加紧迫。作为海军生长军官的培养基地，海军工程大学为了顺应新军事变革迅猛发展的趋势，瞄准世界军事教育前沿，突出培养未来海军军官的国际化素质，设立了“涉外交流学”、“军事外交学”、“海军涉外知识与礼仪”等层次清晰、功能多样的涉外教学教育系列课程，组织了国际航海技能竞赛、随舰出访远航训练、国际论坛演习、校内外事外训兼职等多样化的学员国际交流锻炼活动，形成了系统配套的涉外理论研究成果。为在全军外事外训领域开辟特色鲜明的教学、科研和服务部队的新领域，自2003年起，海军工程大学外训系开始尝试面向全校本科学员开设外事讲座和涉外选修课程，并着手编写相关教材。《涉外交流学概论》就是在认真梳理历年来外事讲座、涉外选修课讲稿和充分研究国内外有关涉外交流学专著及研究成果的基础上编写而成的。本教材自成稿后已多次进行试用，每次试用时，教材编写者都会到教学一线广泛征求并听取学员的意见和建议，以便对教材进行修改、补充和完善。经过数年的不懈努力，这本《涉外交流学概论》终于正式定稿。全书共分五章，结合我国文化特点和国情，着重介绍和评价了涉外交流学的相关概念、理论、研究方法以及这些理论在涉外交流能力培训中的具体应用。第一章回顾涉外交流的发展历程。第二章厘清涉外交流学中的文化、交际、涉外交流模式及特点等基本概念，追溯其思想渊源。第三章从文化的要素来分析涉外交流，从人的感知、思维方式、价值观、定型观念等认知文化，以及社会规范、物质文化等方面分析了文化在涉外交流中的作用。第四章为从交流的过程分析涉外交流，探讨了交流因素中的信息、渠道、反馈、语言符号系统、非语言符号系统、交流者之间的关系等因素与文化的关系及对涉外交流的影响。第五章为涉外交流的层次，从人际交流、组织交流、国际传播三个层次进一步探讨了涉外交流的主要问题。

本书的出版填补了军事院校涉外交流学教材建设方面的空白。除了帮助学生了解涉外交流的基本概念、基本理论、基本方法和基本技巧外，还能帮助他们提高语言交流、非语言交流和涉外交流的能力，对于开拓学生国际视野、提高涉外综合素质、培养和造就面向世界、面向未来的国际化人才具有重要的意义。本书理论性与实用性相结合，结构清楚，内容丰富，可读性强；不仅适用于大学教材，还可以作为广大外事、外宣工作人员以及军内外出国人员的参考用书。

编 者

2014 年 12 月

目　录

第一章
绪　　论

随着全球化的深入发展，涉外交流已成为越来越普遍的日常现实，可以说是和每个层次的人群都紧密相连。比如，国家领导人之间、外交官之间会面、谈判是涉外交流；商户与外商洽谈生意是涉外交流；学生与外籍教师、留学生交往是涉外交流；普通民众与外国游客、友人接触，赴国外旅游也是涉外交流。当我们浏览国外网页、观看外国影视节目、阅读外国小说时，虽然没有直接与外国人接触，但同样是一种涉外交流。简单来说，不同文化背景的个人、组织、国家进行交流的过程，就是涉外交流。

涉外交流活动古已有之。早在公元前 18 世纪，古巴比伦著名的《汉谟拉比王法典》就记载了到国外购买奴婢的规定；古埃及在公元前 1750 年也有与亚洲人交往的记载："真的，亚细亚人已经变得越来越像埃及人，而埃及人快和那些曾被抛弃在道路上的外国人一样了。"①大量的考古成果显示，埃及文化与两河流域文化在农业、畜牧业、天文、历法、语言文字、服饰等诸多方面有相同或相近之处，这是两种文明长期交流的结果。在中华民族形成的过程中，不同民族相互接触和融合，涉外交流内容丰富多样。自公元前 138 年至公元前 126 年张骞通使西域，我们的先祖就沿着陆上和海上的丝绸之路与世界各国民众进行文化、商业交流。始于公元前 2 世纪的丝绸之路使我国古代人民通过商业往来与中亚、西亚、非洲、欧洲的人民进行交流，更是成为我国早期涉外交流的一个突出例证。印度佛教的传入、唐朝鉴真东渡、明朝郑和下西洋、19 世纪中叶以后帝国主义列强的入侵以及历经数百年的西学东渐，包括了十分复杂的涉外交流过程。由此可见，涉外交流是自古以来就存在的现象。但今天涉外交流的广泛和频繁与古代相比，已有天壤之别。

第二次世界大战以来，伴随着交通和通信科学技术的飞速发展，世界正走入信息社会，地球日益"缩小"，不同文化背景的人们的交流日益频繁，

---

① 周一良、吴于廑：《世界通史资料选辑》（上古部分），商务印书馆 1974 年版，第 6 页。

人类的涉外交流进入了新的时代。唐朝著名的鉴真和尚为东渡一衣带水的日本去传播中国文化，经过 11 年的艰苦努力，付出了双目失明的代价，在 5 次失败之后，第 6 次经过 30 多天的海上漂流才抵达日本；而现在我们到日本只用半天时间就能打个往返。1840 年第一次鸦片战争时期，中国的消息传到英国本土需要 3~4 个月的时间；而今天从我国的北京到达英国的伦敦却只需要十几个小时。加拿大学者麦克鲁汉（Marshall McLuhan）早在 20 世纪 60 年代就提出了“世界村”的概念。在此之后，交通和通信技术等方面的科学技术迅猛发展，让“世界村”的村民之间的交往更加便利。手机、电子邮件的普及使得一般信函的数量不断减少，卫星转播电视节目使得全世界的人们可以同时观看奥运会及世界杯足球赛，互联网使得 QQ、微信等各类交友软件把全世界的人们通过计算机网络紧密联系起来。如今，越来越多的人生活、工作、学习在不同文化的人群中；不同文化背景的人们彼此间的交往日益增多，人口的大规模流动和人们交往的频繁都是以往任何时代所不可比拟的，这一切使得涉外交流成为我们时代的一个突出特征。学者哈马斯（L. S. Harms）认为，人类在世界范围内的交流经历了 5 个阶段：语言的产生、文字的使用、印刷技术的发明、近百年交通工具的进步和通信手段的迅速发展、现代意义上的涉外交流。他还提出，近几十年来的交流是以跨文化为特征，这是人类交流发展的第五个阶段，其重要性可以与语言的产生可以相提并论。

人们一经接触，其所有行为就开始在信息交流，即他们无时无刻不在接收信息和发出信息。两人见面即使一言不发，其容貌、穿戴打扮、举止表情和行为都在传递信息。徐庶入曹营一言不发，就充分表达出了他与曹操不合作的态度。日常生活中“此时无声胜有声”的情形是司空见惯的。可见，人们互相接触，问题不在于人们是否在交流信息，而是交流了什么信息。人们在同文化的环境中进行交流时，有信心有能力理解对方传递过来的语言和非语言的信息。然而，在涉外交流中，若一方不懂对方文化，就没有能力恰当地解释对方传递来的信息，可能会导致种种误解。小的误解会使人觉得不舒服，大的误解则会铸成大错，乃至兵戎相见。

举个最简单的例子。在交流中人们一见面，首先要相互致意，即通常所说的打招呼，以示友好和礼貌。由于文化的不同，甲方认为是彬彬有礼的问候，却被乙方却看做颇为失礼的言行，从而使交往伊始，在乙方心里就蒙上了一层阴影，而甲方还蒙在鼓里。在中国人中间，两个熟人见面时，常用“吃饭了没有”来表示问候。在英美文化中，问对方“吃饭了没有”，则是一种委婉地邀请对方吃饭的表示。对于男女青年来讲，若男方讲这种话，则表示他有意与女方约会。一见面就想和女方约会，十有八九要使女方迷惑不解：男方居心何在？男方一句善意的问候可能会使女方在整个谈话过程中都忐忑不安。

再举一例。第二次世界大战后期，1945 年 7 月 26 日，中、美、英三国发表《促令日本投降的波茨坦公告》，要求日本无条件投降。日本首相铃木宣布他的政府愿意“默殺”（Mokusatsu）波茨坦公告。该词既有“藐视或不理睬”的意思，又有“高明老练地不作出反应”的意思。根据战后“太平洋战争研究会”的看法，当时铃木持的是后一种意思，即他没有拒绝波茨坦公告。但是，英语里没有与“默殺”完全相对应的词。日本对外广播通讯社的译员选择了“藐视或不理睬”的意思译成英语。因而，该消息广播后，全世界都听到了日本拒绝投降。这一误译使美国断定，日本不愿意投降，于是在广岛和长崎投下了原子弹。为此，有的西方学者说，如果当时在翻译中选择了另一个词，美国就不会使用原子弹了。当然，出于政治上的原因，即使在日译英中把“默殺”译成“高明老练地不作出反应”的意思，美国可能仍旧会向日本投扔原子弹，但是这无疑会有损美国的形象。

在涉外交流日益频繁的今天，为了在不同文化的人与人之间、群体之间、国家之间的交流时避免误会，进行有效的交流，在人与人之间建立良好的关系，在群体间增进理解与合作，在国家之间促进彼此的友好相处，促进人类的和平与发展，人们需要了解涉外交流的知识，提高涉外交流的能力。不同文化的彼此交流，对一个人的个性和文化属性的发展，对一个群体、一个国家文化发展的走向都会产生影响。在我国历史上，印度佛教传入中国，促使我国古代传统文化发生了重大的转变，因而有的历史学家把佛教传入中原不久的魏晋南北朝时期称为中国文化的转型期。我国文化的方方面面都染上了佛教文化的色彩，佛教文化成为中国传统文化的一部分。例如，“世界”一词就是来自佛教的词汇。涉外交流对文化发展的影响是客观存在的，其中也是有规律可循的。人们需要认识涉外交流的规律，只有认识了其中的规律，才能在涉外交流中从必然王国走向自由王国。

总之，在我国实行了改革开放 30 多年后的今天，不同文化之间信息交流的社会现象，日益明显地摆在每个人、每个群体的面前。了解涉外交流的发展规律，利用这些规律指导现在、预见将来，对于下至个人成长，上至整个民族和国家文化的发展，都具有重要的意义。这个问题对于一个有着 5000 年古老文明的国度更加迫切，更为重要。

第二章
涉外交流学的理论基础

第一节 文化交流

文化交流包括两方面不同的复杂的人类实践。一方面是指文化交流的特定方式，即在特定的时间、地点和社会环境下所使用的交流方式及特定的交流手段。从这个意义上来讲，文化交流是贯穿着特殊文化方式的人类行为。另一方面是展现交流在公共文化中所担当的角色，交流在构建公共生活和为个人提供参与、定位和涉及生活时所产生的功效。从这个意义上来讲，文化交流又成了人们在其生存世界必须做的工作。本节将重点探讨这两方面的文化交流及与其相关的部分。

一、何为文化交流

当人们使用“文化交流”这个词的时候，所指的到底是什么呢？研究发现，文化交流在交流中是最早被运用的一种方式。它在表达和构建文化差异时可作为一种参照，在交流的过程中又充当着将个人社会化于一个特定文化背景下的调节角色。文化交流的内涵是不断丰富的，其概念是逐渐明晰的。早期一些学者个人浅显的、宽泛的提法，已逐步变成一个较为概括的提法。当今学术界则给予了其明确的定义，即：文化交流是将交流赋予文化性研究的一种特殊途径，把文化和交流的两条研究线索联系在一起，交织形成了文化交流。

“文化交流”一词最早出现在我国学者巴金的《演讲流派的问题》一文中。巴金的“文化交流”指的是那些呈现其大众性、相对持久的演讲流派。其交流方式分布较为广泛，但又同社会中个人日常生活习惯相依存。随后不少学者在撰写关于交流学术、交流系统方面的论文时，结合基本功能、典型结构、文化和社会组织化以及不同人之间交流系统的典型进程又作出详细解释，提出了“对惯例的共识”是文化交流最基本功能的定义，并认为文化交流最基本的结构就是由网络（国家、文化区、阶级、次文化区、地区、社区和家庭）和密码（语言、方言和口音）组成。而文化交流的典型进程是通过大规模的媒体、习俗和宗教仪式进行传播扩散。有关论文中，文化交流通常是指个人在一系列社会活动进程中所产生和规划出的社会生活方面的共有协议，这种协议为社会成员间的协同合作和交流分享提供了一种合理的依据。

二、文化交流的内涵

文化交流最起码具有以下两大内涵：

（1）每个公共对话都包含有文化性独特的手段线索以及交流方式、行为的意义。

公共对话是一项历史性的并不断发展的交流进程，它发生在社会生活的参与者构建、表达和同所有组成他们生活的方面相交涉的过程中。

一个集体和社团里每个成员都会参与到公共对话中来，这是人类经验最普遍的一点。但是每一项具体的公共对话都有其特殊的文化印记，通常它们都包含着具体的发生地点（如会客厅或角落）、类型（如集体讨论或个别谈话）、基调（如热烈或冷清）、结构（如连续或交替）等。所有公共对话都具有当时当地的印记、特定的方法和含义。具体情况是会改变的，但是各个具体情况都有其特殊性这点是不变的。

一项公共对话总是通过特殊的交流方式进行和发生的，并且这些方式对使用和经历它们的人来说都有其具体的含义。方式指的是具体的语言、方言、风俗、组织原则、可解释的习惯、说话的方式、交流的种类等。而这些方式的含义则是指经历和在与其相关的事件中的人们所认为的这些方式所带给他们的意义是什么，也就是评判它是否恰当、通俗、有效、令人愉悦等。

无论人们在哪里构建、表达和谈论这些共同组成他们生活的相关事宜，都会包含有其交流方式的印记，以及对那些经历和制造这些事情的人们的具体意义，并且它们都是具有空间、时代和环境特殊性的。因此，要了解参与一项既定公共谈话的可能性需要学习回答两个问题：第一，此时此刻，对正在被构建的谈话来说什么是其特殊的方式？这个问题的答案包含语言、方言、风格、手势、演讲流派、交流惯例、解释和评估交流构造等原则。第二，在特定的时刻，这些方式对正在使用他们的人来说有怎样的意义？

（2）交流是一种为完成个人或者集体生活文化功效的启发式和述行式资源。

文化交流功能与一个集体中的个人如何试图建立归属于这个集体范围内的生活相关。从将集体作为整体的角度来讲，文化的功能是由那些建立、维持和涉及构建公共对话的原则和标准的公共归属感组成的。这些都是人们会在和谁交流、用怎样的方式交流和以怎样的方式结束交流时所运用到的原则和标准。而从个人的立足点来说，文化交流功能则是建立、维持和协调个人如何与交流行为的公共归属感达成共识。这包含了个人是否和怎样用和对话人统一的方法参与到既定的公共谈话中。

地区性的有关交流的特殊约定和做法在交流行为中也呈现给共同对话的参与者。在对话中，预期的参与者通过观察对话的过程学到了人们的行为以及回应交流行为的方式。就公共对话来说，其组成对话的方式及这些方式带来的意义也在对话过程中被呈现出来。这就是交流的启发式意义。初学者和新手都能利用这种资源来学习交流的特定方式及其意义。

交流同样也是一种述行式资源。人们可以利用这种资源学习参与公共对话的方法。正如美国学者伯克（Kenneth Burke）所说，“你听了一会儿，知道并确定你已经了解到了该论点的要旨；于是你也就参与进去了”。你认为你已经抓住对话要领的倾听过程，也是组成对话的重要元素；在指向对话的个人行为中个人的干预，就是一种述行式行为。把交流作为一种述行式行为，是为了引起别人的注意，将其看做在既定世界里指定准则的个人能力的艺术性和技巧性行为。

三、异文化对个人文化特征的影响

涉外交流有浅、中、深三个层次。其中，浅层次交流的结果是个人工作和任务的完成。例如，中国某高校的王教授应邀到法国讲课，介绍儒家思想，法国年轻人密特朗担任翻译。在这个例子里，浅层次交流是指密特朗把王教授的讲课内容翻译成法语，工作任务完成后他们可能天各一方，至死也难再见一面，他们的关系不会发生大的变化。中层次交流的结果是对交流者彼此关系的影响。随着人际交流信息量的增加和质的提高，在工作任务的层次上发展出友谊或敌对的关系。还是上面那个例子，密特朗在担任翻译的过程中，增进了与王教授之间的了解和友谊。翻译工作完成后，他们已建立起了比较牢固的朋友关系，经常会有信息交流。不过，友谊关系和敌对关系本身也有深浅之分，友谊关系可以由浅到深地分为一般关系、角色关系、朋友关系；男女之间甚至可以发展到恋爱关系、夫妻关系。这个层次是涉外交流结果的人际关系层次。深层次交流的结果是对交流者个人文化特征的影响。

继续上面的例子，密特朗经过和王教授经常性交流后，对儒家文化产生了浓厚的兴趣，并慢慢以儒家行为规范自己的为人处世。大家可以设想一下，军事涉外交流中是否也存在着这样三个层次呢？接下来，我们就着重叙述涉外交流后异文化对个人文化特征的影响。

（一）交流影响个人的文化特征

（1）当一个人大量接触另一文化信息后，其变化不可避免。人的大脑是个开放系统，会接收新的信息。人们和异文化的信息接触多了，多少都会有所变化，这是不可避免的。特别是那些移民，他们中有些人尽管非常想保持自己的文化传统，但在经过大量的异文化信息接触后，还是会在文化特征上发生变化。例如，美国纽约市唐人街的华人，有些人尽管不会英语，但在美国文化的长期熏陶下，他们的行为举止多多少少呈现出美国文化的特色。

（2）这个变化是一个连续不断的过程，同一段时间内，不同的人变化的进度也不同。有的变化异常迅速，例如，许多移民美国的爱尔兰人，100年左右就被同化于美国的主流文化之中了。而有的变化则异常缓慢，例如，散落在世界各地的犹太人，在近2000年之后，他们中的绝大多数人依然保持着自己文化中最本质的特征。

（二）影响文化适应进程的因素

通过某一文化的个人或群体与另一个文化群体的信息交流，一方或双方原有的文化模式发生的演变，文化人类学者和社会学者称之为文化适应。文化适应是一个向不同于自己原来文化的异文化学习和调整的发展过程，有人文化适应得快一些，有人慢一些。出生于韩国的跨文化研究学者金洋咏（Young Yun Kim）在长期跨文化适应研究中总结出影响文化适应快慢程度的5个因素：

1. 个体在当地文化中的人际交流（Personal Communication）的能力

在当地文化中，那些人际交流能力强的人适应得快，转变得也快。这种能力主要表现在以下四个方面：首先，具备语言和非语言的能力以及有关交流方面的风俗习惯等知识。其次，具备以多种思维方式和价值观念思考信息的能力，这样的人思想开阔、适应性强。再次，对所在地文化感情上的合拍，也就是说，性情开朗、愿意尊重和体验所在地的文化。那些愿意尝试当地文化的人，比那些不愿意尊重当地人们审美观和情感的人更容易适应当地文化、更容易向当地文化转变。例如，来中国的外国人可以通过阅读中国小说、学习中国民俗、练习中国书法和武术来培养自己对中国文化的兴趣，提高对中国艺术的鉴赏能力。最后，行为能力，即按新的行为模式和思想情感开展活动的能力。那些敢于实践、不怕出错的人更容易适应当地文化。

2. 个体与当地文化社会交流（Host Social Communication）的密切程度

这包括两个方面：一方面是文化适应者与当地人联系的密切程度。当地人是当地信息的稳定来源，可以对文化适应者不符合当地人习惯的行为举止加以修正，告诉文化适应者应该做什么和怎么做。很多文化适应所必需的情感以及行为举止的变化，都来自这种人际交流。另一方面是文化适应者在当地社会的公众交流和大众传播方面的参与程度，即光顾饭馆、商店、娱乐场所、学校、教堂、博物馆、艺术馆、图书馆、电影院等场所，以及听收音机、看电视等方面的频繁程度。

3. 个体保持与源文化社会交流（Ethnic Social Communication）的程度

大多数到当地文化中的人与自己的源文化并没有完全地隔绝，而是仍在继续进行着与源文化的社会交流。这种交流分两个方面：一方面是与自己同胞的人际联系。比如，在中国工作的许多外国教师和留学生都居住在同一区域内，并到毗邻的地方去购物。虽然这种安排给这些外国人一种安全感，但却妨碍了其适应和文化适应的进程。另一方面是介入源文化大众传播媒介。例如，一个到美国留学的中国学生，如果他经常看中国的报纸杂志，听中国电台的广播，看中文电视节目和录像带，就会使他文化适应的进程滞缓。当然，在当地文化社会中，那些保持源文化的同胞和社团组织，确实可以起到帮助新来者的作用，使他们逐渐融入当地文化，缓解文化休克的程度。老移民可以向新来者介绍当地的风土人情、社会规范，告知怎样使用当地货币、通信网络、交通设施等。他们也能使新来者比较愉悦，在不熟悉环境的压力下尽快得到放松。与此同时，由于他们不鼓励新来者进入所在文化的社会，也会使新来者文化适应的进度放慢。当然，如果一个人的目的是保持原有文化的特征，那么广泛地与源文化的人们进行交流是有益的。

4. 当地文化的社会环境（Host Environment）对外来文化的容纳性

有些地域文化愿意接收和容纳异文化的人，而有一些文化非但不予容纳，反而加以排斥、隔离或保持距离，最典型的例子是 20 世纪 90 年代以前，南非白人政权的种族隔离政策。东道国环境是否有利于文化适应，主要表现在以下几个方面：开放性、容纳接收异文化的程度、语言政策和官方语言、非官方语言的运用以及社会隔离的程度。

5. 个人素质（Personal Predisposition）

这主要表现在两个方面：一方面是个人的文化背景，特别是源文化与异文化相同的程度，其中个人所属民族的体貌特征、文化背景、声誉如何最为重要。一般来讲，源文化与异文化的共同点越多时越容易文化适应。在美国，一个来自瑞典的移民要比一个来自马来西亚的移民更容易适应于美国文化。当今世界，一些种族的文化声誉被认为比其他种族的文化声誉要高些。例如，在中国有些崇拜西洋文化的人，认为欧美的白人比亚洲人地位要高，他们乐于被西方文化同化。另一方面，个体的个人素质与适应和文化适应有密切的关系。这里又包含两方面的因素：首先是对源文化和当地文化的态度，是否有必要保持自己文化的特色？是否有必要接受当地文化的特色？一个人对这两个问题的看法不同，其文化适应的速度就不同；其次是一个人的开放性和精神恢复能力，思想开放、外向的人，容易文化适应于异文化。

如图 2-1 所示，表示的是在其他条件相同的情况下，个体文化适应速度相异的几种情况。

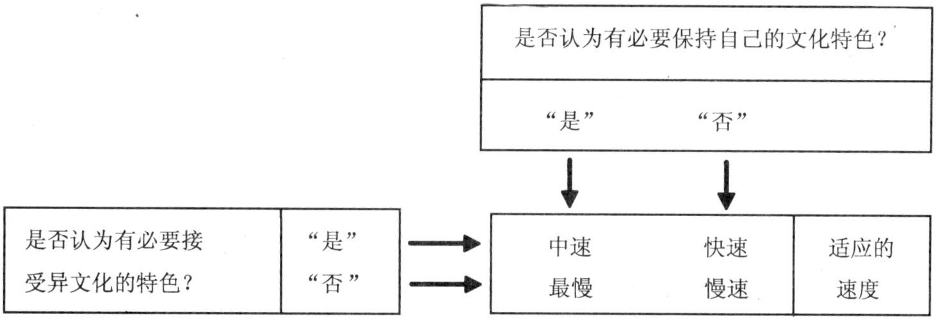

图 2-1　个体文化适应速度对比图

关于文化适应过程的发展方向，学术界有不同意见。多数人认为，文化适应是不断积累的渐进过程，也就是说，文化适应者不断地与异文化环境接触和交往，越来越好地适应并吸收异文化。金洋咏早在 20 世纪 70 年代末对芝加哥地区的一些亚洲移民的研究就证实了这一观点。金洋咏还根据人的行为和环境的系统论，指出每个人的文化适应过程是一个进两步退一步的螺旋式上升的过程。

在文化适应者思想有压力的阶段，他就后退一步，进入一种减少压力或放松时期，使他能应对旧的认知模式所带来的失败。这是个防御性的阶段，在这个阶段，文化适应者重新组织其认知模式和情感，并积聚力量向适应方向前进，进行一次新的尝试。一个文化适应者就是在不断重复着压力—调整—前进的模式，或退一步进两步的模式，不断地文化适应于异文化。如图

2-2所示。

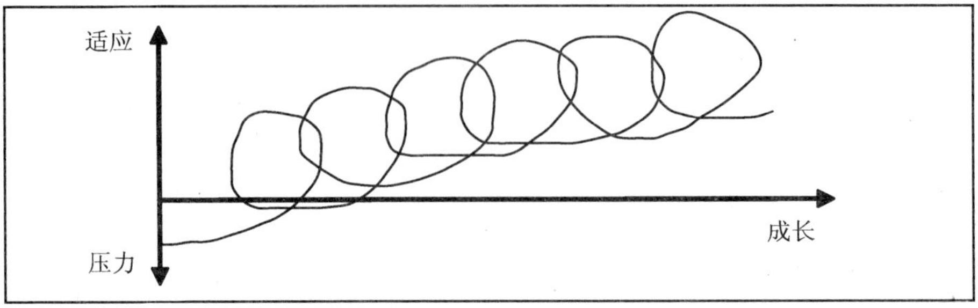

图 2-2 跨文化转变过程中的压力—适应—成长动力图

（三）个人对异文化的态度及对社会的影响

在涉外交流中，人们接收较多的异文化信息之后，受不同的社会文化因素和个人心理因素的制约，不同的人对异文化或某些方面会产生较为稳定的不同的态度。最为常见的大致有四种类型：同化型、排斥型、边缘型和整合型。

1. 同化型

这种类型的人对自己原有文化基本持否定的态度，却对异文化持全盘接受的态度。我国“五四”运动前后主张全盘西化的人就属于这种类型，这类人发展到极端便成为民族文化虚无主义者。

2. 排斥型

排斥型与同化型是截然相反的类型。这些人在与异文化接触后，不加分析地全盘反对异文化，成为文化上的“自我中心主义者”，甚至成为文化“沙文主义者”。我国近代史上清政府中的顽固派代表人物，如倭仁、徐桐等人所持的就是这种态度。当洋务派奏请同文馆内添设天文算学馆，聘请洋人为教习时，倭仁就反对。他认为，如果“师事夷人”，就会使读书人“变而从夷，正气为之不伸，邪氛因而弥炽”。当代某些西方人士对第三世界文化的态度也属于此种类型。他们对社会的影响是造成两种不同文化冲突的原因之一。对异文化采取排斥态度的人，在采取防御的策略时是闭关锁国方针的社会基础；在采取进攻的策略时是文化帝国主义的社会基础。

3. 边缘型

边缘人是在本民族文化与异文化的接触、选择、冲突下而产生的人格特征分裂、呈现双重化的产物。边缘人渴望同时成为在行为准则、价值观念等互不兼容的两种文化中的成员。但实际上，他们没有能力成为这两个文化群体中任何一个群体的标准成员，因而他们发现自己处于两个文化群体的边缘，摇摆于两种文化之间，无法满足两个不同文化群体对其成员提出的相互矛盾的要求。他们的心理常处于一种茫然、失范、冲突的状态。在边缘人中，也有些人对两种文化都有比较客观、理智和清醒的认识，认为两种文化各有千秋、彼此又难以兼容。因此，他们对两种文化均采取超然的态度。林语堂所说的"两脚踏东西文化，一心评宇宙文章"，表达的就是这种边缘人的理想。

4. 整合型

这种类型的人有能力选择和吸收异文化的特点，而又不失去源文化的核心或本质特征，并发展出带有源文化特色的新文化特征。这种人有创造性，能在某些方面推进源文化的发展。例如，著名画家徐悲鸿吸收了西洋画的技法，把它融于中国画之中，推动了中国画的发展。可见，一个发展较快的民族往往是善于学习的民族。

在现实生活中人们都是发展变化的。由于认识的不断深化及其他种种原因，人们会从某一类型转变为另一种类型。此外，个人对异文化态度的类型，在不同文化的方面是不平衡的。例如，一个人可能同时追求经济上的同化、思维方式上的整合、社会制度上的排斥、风俗习惯上的边缘。就个体而言，在涉外交流中成为哪种类型的人是他自己的事；但是，各种类型的人在同一个文化群体中所占的比例和所处的地位，对于这个文化群体的发展走向却关系重大。

第二节 涉外交流理论

关于涉外交流的理论研究成果非常丰富，从广义角度可分为5个相互独立的类别：有效交流理论、调整与适应理论、身份协商理论、交流网络理论、文化适应和调整理论。

一、有效交流理论

发展理论的一个目的就是要解释具体的结果。跨文化理论研究者建立理论时所用的结果是有效交流和群体有效决策。与此类别相关的有三种理论：

(一) 文化趋同理论

文化趋同理论是建立在交流趋同模式上的。学者金凯特（Kincaid）将交流定义为"两个或者更多个体或群体分享信息达到理解彼此及所属文化的过程”。他提出相互间的理解是可以趋近，但不可能十全十美实现的。“通过反复的信息交换，两个甚至更多人或许可以朝着彼此理解的方向趋近。”

（二）焦虑/不确定性管理理论（Anxiety/Uncertainty Management Theory）

焦虑/不确定性管理理论是解释不同人和不同群体之间的交流是如何化解误解达到有效交流的理论。图 2-3 整合了焦虑/不确定性管理理论进程中的文化变量。

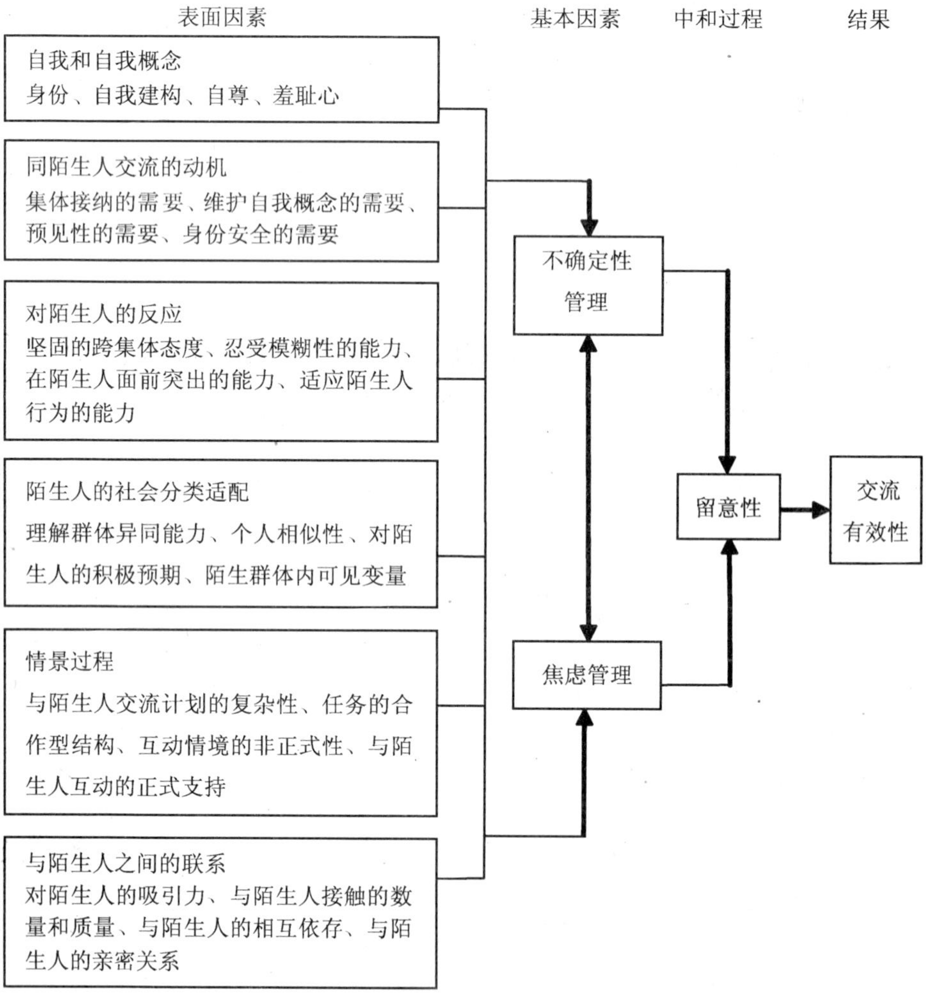

图 2-3 焦虑/不确定性管理理论的表格演示

（三）有效决策理论

有效决策理论是适用于跨文化群体的有效决策的理论。当同质群体（单一文化）的成员进行独立的自我阐释时，会比较注重任务结果；当他们使用相互依存的自我建构时，他们强调的则是关系结果。使用独立自我建构的同质群体的成员往往比使用相互依存的自我建构的成员更难达成共识。他们很少合作，也不愿合作，冲突十分明显。成员的贡献越平等，其群体认同感越强，这个群体的决议也就越有效。一致认同的决议比大部分人妥协来的决议要更有说服力。集体互动理论的"基本必备要素"适用于跨文化群体，能够理解难题，建立"好的标准"，发展多种选择，能够检验选择的积极或消极结果的群体能更好地进行有效决议。

二、调整与适应理论

理论研究者们的另一个目标是着重研究交流活动的参与者们是如何相互调整与适应的。与此类别相关的有三种理论：

（一）交流适应理论（Communication Accommodation Theory）

交流适应理论源于言语适用理论。言语适用理论认为在与他人进行交流的过程中，说话人运用言语同化和言语异化等策略来博取赞同或者显示个性。这些语言手段分别用来缩小或者拉大交流的距离。

交流适应理论是从交流活动的社会历史境况研究开始的。这部分理论包括相互接触的群体之间的关系及其接触的社会规范。交流适应理论的第二部分是有关交流者的适应倾向，即交流者将交往的外部群体视作人际交流、群体交流或者是二者相结合的交流倾向。适应倾向受 3 个方面因素的影响：（1）个人因素，如社会角色与个人身份；（2）跨群体因素，即反映交流者对待外部群体倾向的因素，如可察觉的内部群体活力；（3）初衷，如察觉潜在冲突、持久的决心去适应其他的群体。交流适应理论的第三个组成部分就是现场情形，它包括 5 个方面：（1）社会心理状态，如交流者人际交流或群体交流的当时倾向；（2）目的与注重对方，如交流动机、交谈需要、关系需要；（3）社会语言策略，如近似语策略、语篇控制策略等；（4）行为与技巧，如语言、口音、话题等；（5）标记与归因。交流适应理论的最后一部分是关于"评价与将来意图"。这种提法以交流过程中交流者对交流对象的行为的感受为焦点。比如说，从交流者的角度看，交流对象的附和行为会被视为怀有善意而得到积极正面的评价。当交流者视交流对象为群体的典型成员并有正面评价，他们就会更乐于与交流对象及其所在群体的其他成员进行交流（见图 2-4）。

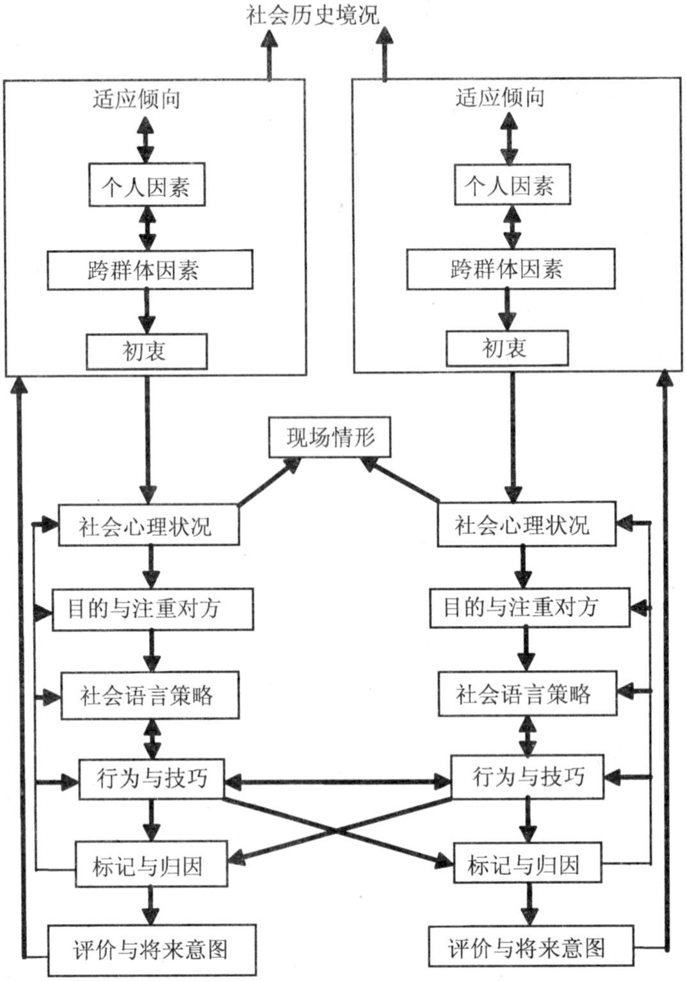

图 2-4 交流适应理论模型

（二）跨文化调整理论（Intercultural Adaptation Theory）

跨文化调整理论是假设所有交流活动都包含某种程度的文化变量的。该理论认为，解释跨文化交流应该从解释人际交流开始，且必须考虑文化因素。该理论意在解释交流者在有目的的交流中是如何进行调整并相互适应的。在此基础上，人们又归纳出 8 条规律，比如“对交流风格的调整适应不同，会引发文化理念差异”以及“环境对交流双方的有利程度不同，调整行为所带来的压力也不同”，等等。该理论认为：功能性调整交流以及调整过程中的公平有利于任务的完成，而非功能性调整交流则会引起文化差异，并延缓任务的完成。

（三）共文化理论（Co-cultural Theory）

共文化理论是建立在缄默群体理论（比如说社会阶层的分化使一些群体有凌驾于其他群体之上的特权）和视角理论（比如说特定的社会地位会使人们以某种主观的方式观察世界）的基础上的。共文化交流是指未充分代表的群体成员与主流社会群体成员之间的交流活动。共文化理论有两项前提：（1）共文化群体成员在主流社会结构中处于边缘地位；（2）共文化群体的成员可以凭借一定的交流方式来获得成功。

共文化群体成员与主流群体成员进行交流一般出于三种目的：（1）同化——成为主流文化的一分子；（2）适应——试图让主流群体成员接收共文化群体成员；（3）分离——拒绝与主流群体成员结合。

三、身份协商理论

理论研究者们关注的另一个焦点问题是涉外交流中的身份协商问题。与此类别相关的有三种理论：

（一）文化身份理论（Cultural Identity Theory）

文化身份理论是针对跨文化交流中如何处理好文化身份提出的解释性理论。该理论包括 6 个假设、5 条规律和 1 个命题。

6 个假设是：（1）人们在语篇中协商多元身份；（2）跨文化交流是靠做出推论的假设和承认不同的文化身份来实现的；（3）跨文化交流能力包括在交流活动中保持意义连贯、遵守规则并得到正面的结果；（4）跨文化交流能力包括商定交流双方共同的意义、规则体系并得到正面的结果；（5）跨文化交流能力包括对文化身份的确认；（6）文化身份会随着广度、显著度以及强度等因素的变化而变化。

5 条规律是：（1）语篇中规范与意义差异越明显，交流的跨文化程度越高；（2）个人的跨文化交流能力越强，越容易发展与保持文化关系；（3）语篇中的文化身份差异越大，交流的跨文化程度越高；（4）在跨文化交流中，交流一方给对方文化身份的认定与对方自认定的文化身份越契合，跨文化交流能力越强；（5）与文化身份相关的语言指称会系统地与社会情境的各种要素相协调。

1个命题是：文化身份越明晰，对其他身份的关联性就越重要。

（二）身份管理理论（Identity Management Theory）

身份管理理论是以人际交流能力为基础的。个体身份的各方面都是通过面子的呈现而体现出来的（个体声明定位的身份）。美国库帕克（William R. Cupach）等学者将身份看做是"一个对经验的可解释的框架"。身份提供了对行为的预期并且驱动个体的行为。个体通常具有多重身份，但是将文化和关联性身份（特定关系内的身份）作为身份管理的中心；将身份看做是变化的一种跨度函数（共享身份的个体的数量）和强度（在与他人交流时令人感到的强势的身份）。他们分出了不同文化间（谈话者拥有不同的文化身份）和同一文化内（谈话者共享相同的文化身份）的交流。

个体身份的各方面都是通过面子的呈现而体现出来的（个体声明的定位的身份）。他们认为"面子的维护是件十分自然的事情，也是人类交流不可缺少的条件"。维护面子的能力也是个人的人际交流能力的指示灯。

（三）身份协商理论（Identity Negotiation Theory）

由于个体一般不太了解他人的文化，他们在同不同文化的交流者交涉时使用一些陈规来维护面子。而守旧的陈规本来就是一种威胁面子的存在，它是建立在永久性强加的身份上的。处理好面子问题要注意协调三对关系：（1）同伴面子和自己面子；（2）能力面子和自己面子；（3）自己面子和同伴面子或能力面子。

发展跨文化关系的能力要经历3个阶段。第一阶段是"试炼和错误"，这个阶段主要是一个找寻交流者身份共性的过程。第二个阶段是将参与者的身份都包裹缠绕进入"一个共同接受和趋同的关系身份里，忽略他们本身是属于不同身份的"。而第三阶段则是身份的再协商过程，"有能力的谈话者运用他们勉强定义但是能清楚的体现出和第二阶段不同的关系身份为基础来对他们的分裂的文化身份进行再协商"。这3个阶段是"循环的"；而不同文化关系的个体会在他们与其经历的关系相关联的每个方面都经历这3个阶段。

出生于香港的学者汀-图梅（Stella Ting-Toomey）指出跨文化交流能力是"一个交流小说章节里两个互动者的有效身份管理过程"。她提出了8个假设：（1）每个人关于自我的感觉都有一幅多重画面；（2）文化变量影响着自我的感觉；（3）自我的身份包含安全性和脆弱性；（4）身份界限规律推动着行为发展；（5）身份界限规律包括包容性和差异性之间的局势；（6）个体试图平衡自我、他人和集体的关系；（7）维持包容性和差异性的逻辑影响着自我协调感；（8）自我协调感影响着个体交流资源，在大量的交流场景里，运用知识和能力，将认知的、情感的、行为的资源有效并创造性地融入实践之中。如图 2-5 所示。

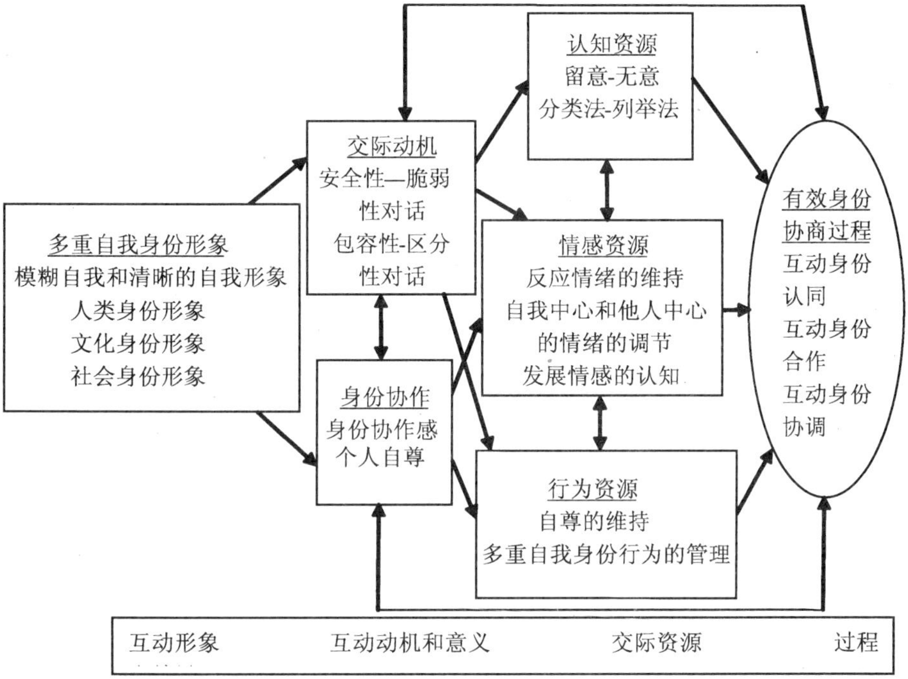

图 2-5　跨文化交流假设

汀-图梅在身份协商理论里共谈到了 20 个命题。她声称个体的自我身份感越安全，他们对待其他文化区域的人的态度就越开放，而个体的感觉越脆弱，他们经历这些互动的时候就会越不安。个体的脆弱感受到他们对安全的需求的影响。个体越需要归属感，他们对群内价值观和关系边界看得也越重。而越是看重区别的个体，把自己同他人之间的距离也拉得越大。

个体在身份协商时的资源受到有效处理安全性或者脆弱性身份以及包容性和区分性身份的影响。个体的自我身份越安全，他们身份的协同性和全球性自尊感就越强烈。个体的自尊心和集体自尊感越强，他们与陌生人交涉时就越觉得有源源不断的话题。

个体同陌生人交流的动机影响着他们寻找交流资源的程度。个体认知的、情感的和行为的资源越多，他们在身份管理中的活动就越有效。个体的交流资源越丰富，他们在互动身份认证、合作和协调中的活动就越有成效。

四、交流网络理论

交流网络理论是建立在影响人们行为的人际关系而不是个人特性的假设之上的。网络理论重点关注的是人们在群体/社会中所处的位置及相互间的社会关系，而不是信仰或内在规范；是一系列相互联系的关系，而不是静止的、与外界壁垒分明的群体关系。这些理论着力于分析来自不同文化的人们之间的联系。与此类别相关的有三种理论：

（一）交流网络与跨群体交流能力理论

该理论使用了个人交流网方法来解释外部群体交流能力。个人交流网强调个体之间的联系。个人交流网中最重要的一部分就是自我意识以及看待和解释他人品质和行为时对关系网成员的不自觉的依赖性。

在个体的个人交流关系网里有外部群体成员，以及这些外部群体关系的属性，会影响他们的外部群体交流能力。定理 1 陈述："一个个人多样性的交流网的高水平是和个人综合的外部群体交流能力相联系的。"这项定理说明了个人交流网对促进提升一个人的外部群体交流能力。定理 2 陈述："在个人交流网里的外部群体成员的高水平的向心力也是和个人综合的外部群体交流能力相辅相成。"这说明将外部群体成员置于个人交流网里的中心地位也可以促进提升一个人的外部群体交流能力。定理 3 认为："个人与外部群体成员关系的强度的高水平也同个人的自我外部群体交流能力相联系。"这说明个体同外部群体成员的接触越频繁，关系越密切，其自身的外部群体交流能力也就越能得到提高。

（二）文化内与跨文化的交流网络理论

该理论被用来解释个体的文化内交流网和跨文化交流网之间的差异。首先提出一个假设，文化间的行为变数要远远大于文化内的行为变数。该理论有 6 项定理。定理 1 提出文化内交流网通常是放射性的，即与个体相互联系的其他个体本身并没有联系；而文化间交流网通常是连锁性的，即与个体相互联系的其他个体之间也有联系。定理 2 指出文化内交流网比文化间交流网更加密集，即实际联系的数量和可能连接的数量的比例更高。定理 3 指出文化内交流网比文化间交流网更加多样，大量信息通过链接传递流通。定理 4 提出文化间交流网的联系通常是比较弱的联系。强的联系需要的是频繁和亲密的接触，如友情；仅限于认识的人以及与之只是间歇性接触的人之间的联系就是弱的联系，如美发师。定理5指出沟通和桥梁的角色在跨文化交流网的关系链接里的作用比文化内交流网里的更加重要和普遍。沟通就是指连接一些小集团的个体并不属于任何一个小集团。桥梁则指的是连接小集团的个体本身也是属于其中一个小集团之内的。两者都是能够在不同群体间形成间接联系的“媒介”。定理6指出传递性在创造跨文化交流网关系时所起到的作用比它在文化内交流网里要小得多。只有当“我朋友的朋友也都是我朋友”的时候，传递性才会发生。因为跨文化交流通常趋于单向且联系不紧密，它们对于加强同外部群体成员的朋友的联系有促进作用。

（三）交流网络与文化适应理论

该理论将社会交流网和移民的文化适应结合起来，由7个假设和7个命题构成。第1个命题是：“在社会交流网结构内的不同文化身份更容易辨别出来。”这项命题表明，移民更容易和那些对身份有明确定义的人产生联系（例如来自其他文化或国家的其他移民）。第2个命题是：“文化性影响的看法塑造社会交流网的属性和功能。”这就是说，移民所经历的各种方式都受到其本地文化的影响。第3个命题是：“当社会结构的等级提升时，文化适应的程度也提升了。”这就是说，移民的社会交流网里存在的东道国的人越多，他们的文化适应就越容易成功。第4个命题是：“跨文化网的变化率是一个依赖于和东道地区整合的阶段的动态功效。”这说明当移民作为东道地区一分子的时候，他们的社会交流网也随之改变。第5个命题是：“结构约束会影响跨文化网的大小，进而影响调适过程。”这就是说，一些诸如移民所居住的地方、所处的阶级等因素影响他们形成跨文化交流网和进行文化适应的能力。第6个命题是：“当密度上升，交流网内的多样资源供应就会随之减少，因而影响着社会化或文化适应。”这说明密集的交流网（相互之间都有联系）会削弱移民获取文化适应所需要资源的能力。第7个命题是：“跨文化交流网会缩小密集度，因为以反应环境为本的关系准则的放射性联系要比为反映人与人之间为基础的关系准则要多。”

五、文化适应和调整理论

学者们对移民的吸收、适应主流文化问题及旅居者在异文化环境中调整问题的关注已经有50多年了。但直到最近这些年，与交流活动相关的正式理论才被建立起来。与此类别相关的有三种理论：

（一）跨文化调适理论

金洋咏的交流和文化适应理论已经出现 40 年了。该理论的第一个版本出现于一个韩国移民适应芝加哥文化的简单模型中。她运用了一种开放性系统视角对这项理论进行多次修改。加入这项理论的两大主要改变就是添加了移民所要经历的"压力、适应和成长动态"，并将目光放到移民的"跨文化"的过程上。除此之外，目前版本的理论试图刻画出"把跨文化适应作为一种协作的努力，一个陌生人在环境里，且接受这种环境时所要付出的一种联合的努力"。

金洋咏在最近的理论包含了建立在开放系统上的 3 项假设、10 项定理和 8 项原理。定理在这个理论里面是如同法律一样的存在，而原理则是由这些定理所衍生出来的①。

其中，10 项定理是：

（1）文化适应和移出都是跨文化适应过程的一部分；

（2）适应过程里潜藏着压力动态适应成长过程；

（3）不同文化的转变是压力动态适应成长过程的一部分；

（4）当陌生人经历跨文化转变时，压力动态适应成长过程的程度就会降低；

（5）跨文化转变会产生身体和心理健康的作用；

（6）跨文化转变和东道地交流能力的互动关系；

（7）东道地交流活动；

（8）道德的礼仪的交流活动；

（9）环境条件；

（10）陌生人的接受性。

8 项原理是：

（1）东道地交流能力和东道地交流活动之间的关系（积极的）、道德的交流活动（消极的）和跨文化转变（积极的）；

（2）和道德交流活动相关的东道地人群的大量交流活动（消极的）以及跨文化转变（积极的）；

（3）与跨文化转变消极相关的大量东道地人群的交流活动；

（4）把东道地的接受和认同压力同东道地交流能力、东道地交流活动

---

① ［美］威廉、全洋咏：《与陌生人交际——跨文化交流方法》，Steve Kulich 等导读，上海外语教育出版社 2007 年版，参见前两章。

和道德的交流活动（消极的）联系起来；

（5）道德集体能力和东道地交流能力（消极的）、东道地交流活动（消极的）和道德的交流活动（积极的）相联系；

（6）将道德相似性和东道地交流能力（积极的）、东道地交流活动（积极的）和道德的交流活动（消极的）相联系；

（7）陌生人为改变所作的准备和东道地交流能力（积极的）、东道地交流活动（积极的）和道德的交流活动（消极的）相联系；

（8）陌生人的适应个性和东道地交流能力（积极的）、东道地交流活动（积极的）和道德的交流活动（消极的）相联系。

金洋咏的理论建立在对去美国的移民的深度调查基础上，这其中包括韩国移民、印度移民、日裔美国人和墨西哥美国人。这些调查和其他调查相符合，都被归纳其中。

（二）焦虑/不确定性管理理论（Anxiety/Uncertainty Management Theory）

当陌生人进入一个新的文化领域，和东道主交流时，就会经历不确定性和焦虑。因为，他们对于东道国家里的人的态度、感觉、信仰、价值观和行为都不十分确定。究竟东道主会采用哪些行为方式，东道主为什么会有这种态度、感觉和行为，等等，对陌生人来说，都具有不确定感。

焦虑是一种紧张感、不安全感，或者是同东道主交流时所产生的恐惧感。他们所经历的这些焦虑都是源自于对于东道主交流的消极预期。

在适应其他文化的过程中，陌生人通常不愿意完全解除他们的不确定感和焦虑，但是如果这种不确定性和焦虑感太过严重，则又会阻碍他们同东道主的交流。当不确定感很强烈时，陌生人无法恰当地理解东道主所传递的信息，或者推断预测他们的行为。当焦虑感很重的时候，他们加工信息的方式显得十分僵硬和单一，这也阻碍了他们对东道主行为的预测和推断。当不确定感十分低的时候，陌生人会对自己感到过分自信，以至于完全不会质疑他们对东道主行为的预测和推断。而当完全没有焦虑感时，会导致他们没有动力和东道主交流。

处理不确定性和焦虑感对陌生人来说，就是对不同文化进行调适的过程，需要陌生人特别学会留心，试着发展对东道主行为恰当的预期和理解，自觉地运用到自己相应的行为框架之中。

在焦虑/不确定性管理理论里，互动所经历的不确定性和焦虑感的程度是众多表面因素的功效之一，如自我概念、动机、对东道主的反应、社会分类、情景进程和东道主的联系等。调查显示，调适的表面因素（如调整行为的能力）通过不确定性和焦虑感的调整相连接，如图 2-6 所示。

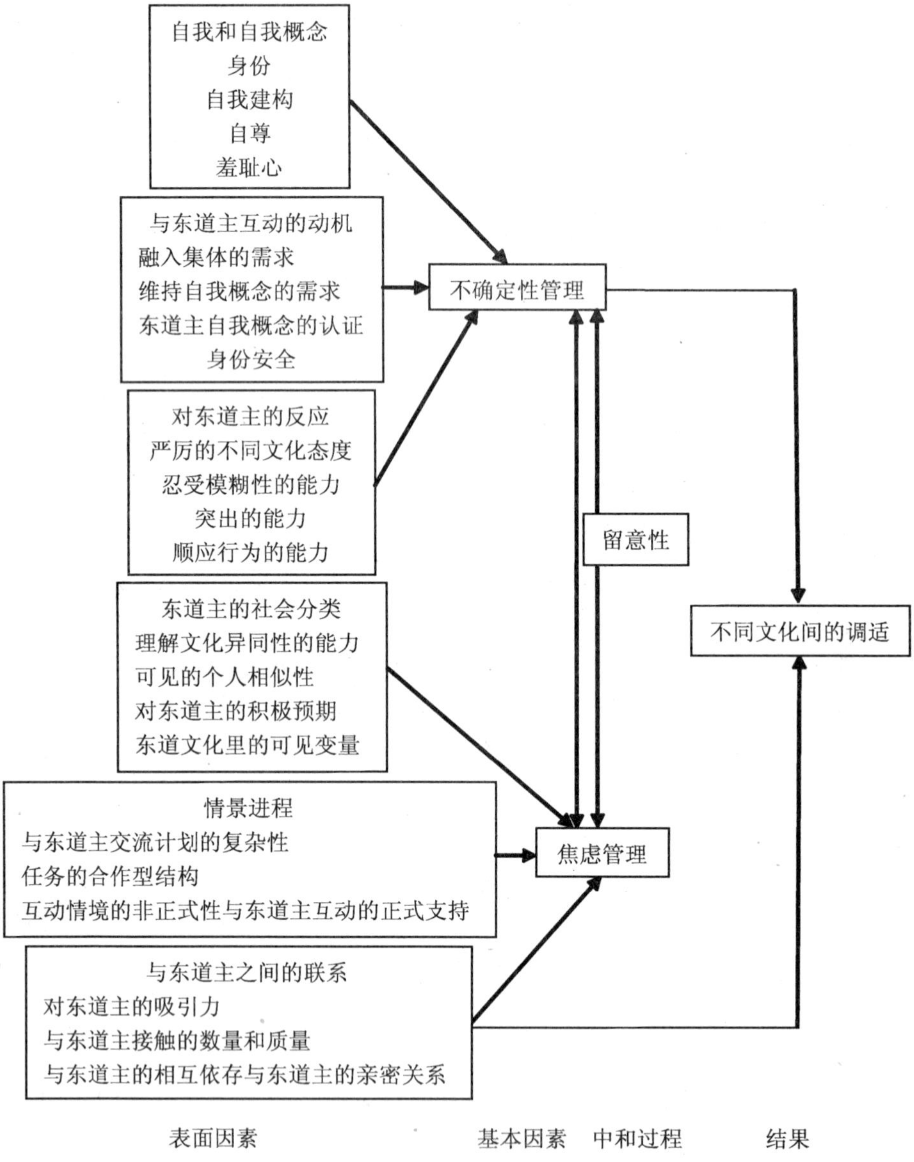

图 2-6 不同文化调适理论的焦虑/不确定性管理的关系图

（三）同化、偏离和疏远理论

当陌生人进入一个新的文化领域，在交流过程中通常会表现出三种状态：

（1）同化和顺应。当陌生人与他人交流，得到积极的强化作用时，同化状态就达到了。同化和顺应都不是顺应过程的永久性结果，而只是交流过程中的短暂现象。原因就是，每一个人，无论他多么好地融入了其他文化领域中，在某些时期总会做出偏离社会规范和准则的举动。

（2）偏离。陌生人与东道地人群交流时，如东道主传达消极的信息或者信息封锁，会使陌生人或多或少地偏离东道地的社会规范。当陌生人处于偏离状态时，他们就会经历对新文化的紧张适应状态。而东道主也会用疏远进行回应，即低水平的交流、消极反馈。解决的办法之一就是从东道文化里完全偏离出来。偏离包括无序性和社会孤立。而陌生人就会感到自己没办法达成目标，彻底地从东道文化里被分立出来。东道地人群对陌生人偏离行为的回应，也影响着陌生人是否继续保持偏离状态。如果东道地人群用那种强化偏离的手段进行回应，如拒绝同陌生人交流，或对陌生人做出荒诞的举动，则陌生人很有可能彻底放弃东道文化，形成完全的敌对状态，也绝对不会使用东道语言了。

（3）疏远。东道主和陌生人对于疏远的回应都是类似的。偏离行为或者疏远行为的程度和类型的变化将会影响一个人到底是进入同化还是偏离状态。因此，个人的同化或者偏离其实都是偏离行为和疏远之间的关系的结果。

近年来，涉外交流的理论研究在很多方面都取得了长足进步，但仍有一些问题需要重点关注：

第一，时至今日，所提出的大部分理论都是具有客观主义属性的，只有少数理论研究者提及主观主义理论。一些客观主义理论虽然也含有主观主义的元素，例如焦虑/不确定性管理理论中的留意性，但是这两种类型结合的大体趋势还没有完善。主观主义理论急需进一步研究，将主客观相结合的努力仍需进一步加强。

第二，大量的理论学家出生于美国。金洋咏、汀-图梅、琼·奥克·尤姆（June Ock Yum）、今堀义（Imahori）等出生于其他国家或地区的研究者只对部分理论及少量实证调查作出了贡献。而美国之外的理论学家的缺位从一定程度上说明涉外交流理论的发展没有在不同文化中受到同等重视。因此，美国之外的理论发展亟待加强。

第三，权力在许多不同文化的交流者之间起着十分重要的作用。但关于权力方面的问题，还没有被充分吸收到研究之中。

第四，目前提出的许多理论都是相互协调的。而实际上，许多理论都有着不同的跨度和边界条件，这恰好为今后各种理论的整合提供了机会。例如，美国学者加洛瓦（Cindy Gallois）等人指出交流适应理论可以适用于其他的理论。库帕克的理论也与科里尔（Collier）和托马斯（Thomas）等人的理论一致。美国学者古迪昆斯特（William B. Gudykunst）提出的可以纳入焦虑/不确定性管理理论中的逻辑理论。汇总整合上述理论，尤其是这些客观和主观的理论对我们深入理解涉外交流有很大帮助。

第三节 涉外交流模式及特点

涉外交流包括两组具有显著文化差异的信息交换，其重点是不同国家之间的信息交换。

一、涉外交流

涉外交流包括两组具有显著文化差异的个体文化信息的交换。尽管这个概念在业内已经通行，但还是可以通过其严格概念意义的特殊化而阐释得更加清晰。交流可以被理解为两个或多个社会系统之间发生的信息交换过程，这些社会系统嵌入在一个超系统范围内，其环境界定了它的边界。并且这些信息具有目的性，为了降低系统内未来行为的不确定性而在互动者之间发展一项共享协议。换言之，涉外交流应该是在社会体系里进行，通过提升其他社会群体的和自身的相互理解来降低系统内未来行为的不确定性。

过去，学者仅仅把研究局限于个人层面。但是涉外交流也会出现在多重层面，例如媒体交流层面。从未见过关于其他文化的不确定性可以通过观看其他文化的电影和视频、收听其他文化群体的人所录制的录音来削弱。连接全球的国际组织帮助互动者理解群体间的文化异同。现在，人际交流已经迅速电脑化、网络化、手机化。网络和信息技术成为连接不同文化背景人群的主渠道。

美国学者克拉克洪（Florence Kluckhohn）提出：（1）文化是人们通过长时间的努力所创造出来的，是社会的遗产；（2）文化既包括信念、价值观念、习俗、知识等，也包括实物和器具；（3）文化是人们行动的指南，为人们提供解决问题的答案；（4）文化并非生而知之，而是后天所学会的；

(5) 价值观念是文化的核心，可以根据不同的价值观念区分不同的文化。

文化是由某种行为的习惯和倾向而非行动本身构成的。根据语言、价值观、态度、信仰、习俗和思维的不同来划分其类型。美国人类学家古迪纳夫(Ward H. Goodenough) 将文化定义为“人们脑海里的行为思考准则，和他们看待、联系或理解这些概念的行为”。美国学者特兰蒂斯 (Harry C. Triandis) 和尚穆加姆 (Sam K. Shanmugan) 将价值观、感觉、意义标签作为主观主义文化表达的社会语言。美国学者格尔茨 (Clifford Geertz) 则将文化看做一套制定好的意义和象征的系统，而社会互动在这个系统里产生和发展。总之，文化可以视为一种象征意义体现的传播形式，通过男女交流维系和发展他们的知识和生活态度在象征形式里所表达的概念。

文化是一种社会分享活动，因此是一个集体的概念而不是个体的概念。它的表现形式是正式的，是通过最好的平均个人或者其他集体思维的中心倾向所代表的。它不是由个人思维的内部条件衍生的，而是来自于社会的习俗。法国学者杜尔凯姆 (Emile Durkheim) 将这些被分享的人的概念称为“集体性代表”。集体的概念不是由个体思维而是由联合思维形成的。在形成集体的过程中，每个人都贡献了自己的力量，但是个人的观点只有在同他人结合的时候才能够社会化。其结果是超出个体以外的。每个个体都是一部分，但是在单一的个体上无法找到整体。因此，理解文化应该从总体考虑。

集体性代表是在社会互动的过程中形成的。社会群体成员交流的时候，协商其分享象征意义。英国学者吉登斯 (Anthony Giddens) 和普尔 (Stuart C. Poole) 都提出，一方面，文化是一个社会成员交流的新兴产物。交流作为一个分享、象征性的进程，会产生、引起和维持集体的团体意识。另一方面，文化也决定了群体成员如何交流。语言符号和非语言行为的附属意义则是由整个社会作为一个整体而形成的。文化也可能被当做一种关于群体成员所使用的符号、语言和非语言意义的共感。这种共感对编码和解码信息都十分有必要。没有这种普遍的关于象征意义和其他交流准则的协议，社会互动就不可能发生。

当新成员社会化于一个集体时，他们也随之习得文化。个体通过交换这些象征符号，也就是被普遍认定的习俗意义层面的文化性定义的促进因素，来推动这项进程。通过和其他群体成员的互动，个体转化为集体的一分子。通过普遍的社会活动，他们学习到集体符号的意义和对于一个社会集体来说比较普遍的态度、价值观和信仰。在涉外交流的环境下，成人在一个文化系统里化身为另一个文化的成员，学习新文化的过程被称作文化适应。

概括来说，文化是一份集体财富。它是一个集体共享意义系统，通过理解集体价值观、态度、信仰、习俗和思想而产生。它是社会互动的必然结果，是群体成员如何交流的决定因素。语言符号和非语言行为的附属意义是由整个社会所决定的。文化是一种关于群体成员所使用的符号、语言和非语言意义的共感。这种共感对编码和解码信息都十分重要。没有这种普遍的关于象征意义和其他交流准则的协议，集体内的社会互动就不可能发生。

涉外交流是具有明显不同文化的集体的象征性意义的信息交换。这在理论上也十分有趣，因为特定的集体都有其特殊的意义系统，这也导致信息交换更困难。这个过程充满了不确定性，参与这项进程的个体必须协商其交换符号的意义。由于涉外交流的误解率很高，这项社会互动的进程不仅不会导致交流者未来行为不确定性的减少，而且会引起更大的不确定性、沮丧、焦虑和冲突。为避免这些不良后果，社会学家已经对不同集体的行为和他们的符号意义的解释的差异进行了调查，目的是为了加速同其他集体交流的实践个体的交流进程，但有一项调查结果却显示对于不同文化和涉外交流之间的界线模糊。

二、涉外交流的结构模式

为了厘清涉外交流进程，就需要回答一个问题，那就是：它是在哪里发生的？它代表着涉外交流的进程，展现了两个不同互动集体的社会交流网图。如：个体或者其他信息资源可用圆圈表示，线和箭头则表示交流。这项系统由集体 A 和集体 B 构成，形成了一个有多空边界的系统。集体内部的交流比较密集；反之，集体间的交流则比较稀疏。琼·奥克·尤姆等学者通过在夏威夷调查得到的数据为上述现象找到了理论支持，那里不同种族之间的交流较少，主要是少数集体（如韩国人和菲律宾人）和东道种族集体（如日本人和高加索人）之间的交流。

跨越文化边界的是个体 a（集体 A 的成员）和个体 b（集体 B 的成员）的联系。在交流网分析关系里，个体 a 和 b 都被看做是联系他们和其他集体的桥梁。但美国学者格兰诺维特（Mark Granovetter）和琼·奥克·尤姆认为这些联系通常比较弱而且不是很频繁，他们通常设计的话题范围也比集体内交流要有限得多。这些个体可能是因旅游、教育、商业、军事、外交等原因而到其他集体旅行的旅游者。这些互动也在最近的通信和交通革新技术上得到加强。个体 a 和 b 也可能是移民者，就是主要在多为自己集体的人的地方居住，而移居相对长久的到另一个集体的人。通过个体 a 和 b，其他集体的有关信息被传递到了两方的集体，那关于两方集体交流的文化不确定性也减少了，也就是说，个体 a 和 b 作为增进其他集体理解的守门人而存在着。

还有个体 c，他不属于两个集体中的任何一方。他可能是连接两个集体的小联系人，这样，个体 c 不隶属于任何一个特定集体，而更像是一个多文化联姻的产物，而且一般都是双语人士。因为他要具备在一个文化以上进行作用，所以个体 c 作为不同文化集体间交流的沟通人而存在。个体 c 是 Prak（1928）所说的“一个边缘人士”和阿德勒（George J. Adler）标签为的“多文化人士”。不同文化的个人发展第三文化视作能帮助他们更好地理解和评估不同文化的交流者。通过个体 c，集体 A 和 B 之间的信息也能顺利传递到其他群体成员那里。

涉外交流联系集体 A 和 B 包含着个体 a、b、c，这些连接同时包括大众传媒的作用，因为集体 A 和 B 之间的不确定性信息就是通过大众传媒传播的。无论是出版业还是广播媒体，在模型图里，是由媒介 A 传递集体 A 的信息，媒介 B 传递集体 B 的信息，通常他们是由本集体的语言呈现的。例如，美国媒体主要都是用英语，这有一小部分是由媒体 A 通往集体 B 和媒体 B 通往集体 A 路线的。尽管网络在全世界广泛分布着，这就是指美国的非英语媒体。媒体 A 和个体 b 的联系更加紧密，而媒体 B 和个体 a 的关联也更加密切。美国巴内特（W. Barnett Pearce）等学者认为，使用大众传媒的双语者 a、b、c 多是从一个集体源 A 或 B 发出的。这也提供了减少这些集体不确定性的文化信息。

在模型里连接文化集体的不同国际组织，既不属于 A 又不属于 B，而是超越任何个体文化组织的地球村。这些有可能是国际政府组织例如联合国和世界银行，其成员都是来自世界各国的非政府事务组织（国际非政府组织 INGOs），例如赦免绿色和平国际组织，或者跨国集团。这些组织将不同文化间的人们带到一个公共论坛，使他们更好地沟通和理解彼此。

吉登斯指出，从历史角度讲，这些不同文化群体之间的联系加强，导致全球化——通过其他地方的环境影响当地事务从而加强社会联系远距离地方的过程。在一个地方发生的事件减少了其他地方的集体的未来行为的不确定性。跨界（不同群体）间的交流的提升，导致价值观、思想、观念和技术的全球迅速传播，这就是文化的潜藏组成部分。跨边界交流打开了文化边界，创造了具有上升的同类文化的地球村。全球化是现代化不可分割的一部分。现代化的后果之一就是减少了阻碍不同集体之间交流的时空距离。这主要归因于通信和交通的革新。全球化拓展了社会互动的边界，导致不同社会环境和国家之间的联系全球化。

大量的结构模式，同时作为交流网模式，已经用于调查不同文化和不同集体的交流。琼·奥克·尤姆在5个不同文化交流区域（文化多样性、革新技术的传播、城市乡村移民、移民的文化、种族）对交流网络的适用性进行了检验，总结情况如下：涉外交流过程包含新交流网的构建和已有交流网的再构建和扩展。从这一角度说，涉外交流是一个产生和维持文化边界的过程，或者构架多个文化群体的桥梁。

以色列学者韦曼（Gabriel Weimann）研究了以色列不同种族间交流网的情况。他运用“小世界”的技术，根据种族的相似性，发现了指向个人交流指定活动的倾向。这项研究调查涉及个体活动，发现了“守门人”的作用，即个体a和b起着沟通种族群体A和B的桥梁作用。大部分参与者倾向使用直接信息给同样种族群体的个人；当跨越种族边界时，参与者延迟了跨越两个群体的种族边界直到它无可避免的时候。

琼·奥克·尤姆调查了4个种族群体的不同种族交流和友谊网络（韩国、菲律宾、日本和高加索人）以及这些交流带的类型关系。他们发现，如果它的交流状态程度良好的话，不同种族之间的交流对于评估其他种族群体有着十分积极显著的意义。

金洋咏提出关于个体的个人交流网和涉外交流能力的3项定理：（1）个体的个人交流网语言多样性越高，则其自我综合交流能力越强。（2）个人在其交流网内所占据的地位越靠近中心，则其外部群体交流能力越强。（3）与外部群体联系越紧密的个体，则其外部群体交流能力越强。

韦曼提出起桥梁作用的个体多半处于集体的边缘地位。密集的集体是其成员用管控跨群体交流和桥梁来维持群内集体联系的存在，因为和群内联系非常紧密的个体通常不会成为桥梁，所以他们多是集体里的边缘人士。

个体a、b、c的个人交流网多是辐射性的，而集体A和B里的其他成员则是更密集的连锁交流网。在辐射交流网里，与其中一人互动的个人并不一定和其他个体也互动。连锁连接集体里则一般为文化同族性，而辐射交流网则是多族性。跨文化交流网与同文化交流网相比，路线传输要少得多。不同文化关心的内容比较局限于单一的主题，而同文化交流则通常涵盖范围比较广的主题。最后，跨文化连接的传输性较差，个体a和b能传递的信息量较少。

从文化层面上来说，个体a和b都属于边缘个体。如果我们认为文化是中心思想倾向的正常分布，那么那些和另一个文化集体有连接的个体也出现在他们集体分布的踪迹上。如美国学者罗杰斯（Everett M. Rogers）说的，一个个体，如果他在系统里处于相对自由的链接中，就更容易偏离社会准则。个体的外部倾向使他们摆脱系统规范的束缚，也将他们和其他人分开。他们看待文化的视角不同，因此也更容易考虑其他文化里的思想。因而，至少从和其他集体交流的这个层面上来说，他们也不属于自己集体的文化的代表。起桥梁作用的个体的边缘性引发了涉外交流研究的有效性问题。因为他们与不同群体的关系，所以这些个体并不能成为他们所在国家的代表。

尽管并不是直接和涉外交流相关，有关检验跨国信息流向的部门以这种结构模式为其理论基础做了大量交流研究。巴内特和有关学者已经研究了国际通信、贸易、货币、物品流通、学生交换、航运、邮件、移民和科学学术引用等多个领域。

那么涉外交流到底会在哪里发生呢？一般说来，它发生在不同文化的边界，不同的语言在此接触。它通常发生在各国的边境地带，比如德国和法国的边界。它还多发生在海空港，比如纽约港口和各大城市的国际机场。中国长城、加拿大尼亚加拉瀑布、美国黄石公园等热门的国际旅游目的地，都是涉外交流的密集地。随着高等教育国际化趋势的逐步上升，高等院校也为涉外交流提供了良好的环境。各种类型的留学教育及国际学术会议、科研合作会将来自不同文化群体的个体聚集到一起。

国际商务、维和行动、外交活动等也拓展了涉外交流的形式。涉外交流在“世界城”和全球贸易金融中心频繁发生，上海、伦敦和纽约就有很好的实例。国际商业中心是全球信息社会的城市经济引擎。通过关注空间区域为主导角色的国际经济，可以让人直接观察涉外交流。正是在这些场景里不同文化的个体一起处理全球经济事务。此外，一些劳动力移民到世界城市里为精英服务，他们承担的工作被视为不适合本土的劳动力，因此也为涉外交流的研究提供了一个理想的多元文化环境。

在过去，涉外交流聚焦于个体，通过大众传媒、计算机媒体技术和跨国组织进行传播。下文将具体讨论大众传媒在涉外交流中的地位。

三、全球化和跨文化大众传媒媒介效应

随着通信技术和经济全球化的发展，大多数不同文化之间的经历都是通过媒介分享的，而不是面对面的交流。作为全球化的催化剂，大众传媒和通讯技术压缩了时间和空间。麦克鲁汉的地球村概念也成为现实。

（一）不同文化研究的概念化问题

语境是研究跨文化交流问题的一个要点。它包括经济、政治、教育、宗教、家庭、媒体、社会技术水平及社会基础设施建设等因素。这些因素对于细化不同文化变量的纠正有着至关重要的作用。

跨文化的理论研究，不能把包罗万象的变量全部运用到所有种族间或者国家群体间差异的解释中去。研究者应该做大量的深度调查和提前测试研究，广泛地查阅资料，并且参与到和调查成员的合作中。同时，还应该同东道国家的成员合作。因为他们可以运用他们的文化对解释的结果进行说明。对于门外汉，应该向他们指出一些文化假设，只是假设而已，因为我们都无法确定调查结果中所产生的差异到底是因为方法上的原因还是文化本身的差异所造成的。此外，被调查者描述他们的文化无论是内涵还是外延意义，都是随着区域的变化大不相同的。因此，对不同文化的概念不能以点带面。

（二）全球化和跨文化交流

金洋咏提出了跨文化交流的 5 项命题：（1）不同文化交流过程的个人内心活动进程；（2）跨文化交流能力；（3）异文化适应能力；（4）不同文化环境里的文化身份；（5）不同文化关系中的力量不平衡。和主体跨文化交流相对应的是次文化交流，它所关注的重点是如何理解一个特定的文化和次文化集体，比较两个或者多个文化或次文化社区。涉外交流的研究在这个领域是至关重要的一部分。但是，普遍的观点倾向于认为跨文化交流研究的主体是大众传媒和其他技术性质的交流，其主要处理关于现代化和社会文化在传统社会中的变化问题。

媒体交流方式在文化系统里是一个十分重要的跨文化交流的形式。大众传媒和信息技术在压缩时间和空间、缩短人与人之间距离方面起到了很重要的作用。以电视媒体为例，全球大部分国家在相当大的程度上依赖引进的电视节目。而这些电视节目的主要来源于美国、西欧和日本等国家和地区，其节目类型主要是娱乐和体育。自 20 世纪 80 年代以来，伴随着大量全球商业媒体市场的出现，新兴的发展中的全球性媒体也被四五十家大跨国集团垄断了，其中，至少有 10 家以美国为主要股东的联合性大企业。到了 20 世纪 90 年代，数字化的传播方式得到迅速的发展和大面积的普及，而这项传播技术上的转变对媒体交流市场进行了重新洗牌，其影响力远远超过了电影、广播、电视产业。

自 20 世纪 80 年代末期以来，全球化已经成为跨文化交流研究的焦点问题，渗透于学术、商业和政治著述中。追溯历史，随着全球气候变暖，各类全球性的挑战也日益增多。今天，地球村已经成为现实。诸如互联网、卫星和光纤通信等媒体技术已经将世界改变成为一个更小的空间。而在这里"全球"这个词，绝对具有一种积极的意味，它的内含价值包括同一个世界、共同联合、亲近和分享等。由于"全球"是一种描述性的且缺乏必要精确度的概念，因此，我们更愿意提及"全球化进程"这个概念。

当前的跨国通信技术结构表明全球化正在发生，这些全球文化的发展形式预示着全球性文化将会是所有包括在大量群体里媒介文化信息交换的所有形式在内的结果。

关于媒体交流的研究的证明来自一个对于国外观众的电视大众传媒效应的分析，其探寻了电视跨文化效应的4种相关进程。第一个是文化磨损。不同文化环境中的人们拥有不同的相对价值观，这和一个国外的媒体代理之间会产生分歧。第二个是文化紧缩。一种文化里最不坚固的层面就是对外国影响最为脆弱的文化层面。第三个是文化沉淀。在这里，外国的信仰、规则、艺术形式补充了跨文化广阔的交流前景。第四个是文化突变。社会惯例可能只在交流系统中适用，并且被看做是对那个国外的代理人的一种回应。这样，在跨文化交流进程中媒介所扮演的角色研究也需要继续深入下去。

全球化不断发展的进程，促使世界唯一的文化圈逐步形成。除开那些培养国民身份认同感和不同种族之间融合感的媒体，外国媒体对于影响人们看待问题的习惯和方式上起到了十分重要的作用。现在，相当多的欧洲、亚洲和非洲观众就倾向于认同和接受以美国媒体为代表的内容及文化。全球化能将地方化的影响扩散，从一个地方推广到另一个地方以维护他们之间的联系，使得地方化也逐渐具有全球化的特征。文化将会被发展成一种具有多元化混合式的特征。也就是说，全球化会导致文化的趋同性，将整个世界的内在文化特征转变为一个相同的整体。

在整个文化进程当中，更多理论化的研究数据被进一步用来分析大众传媒在变化的视角以及国外观众的价值观里所扮演的角色。具体来说就是，调查应该在来自不同政治、经济、文化等多样性环境中的人群中开展。研究应该检验的是观众的国外媒体接触度和他们价值观以及文化身份之间的关系。

基于这种跨文化交流的文化转变的研究，量化的和定性的分析都应该被运用到来自大量不同环境的人群中去。环境是一个具有说服力的多层面的文化结构，它将提供更多的考量价值。当前大量的不同文化涉外交流理论的研究都将其视为一个几乎是包罗万象的中介物。而在做文化实验的时候，相关的文化层面和身份也应该被考虑和调查。比如，过去的研究已经表明了环境，无论是正式场合还是非正式场合，无论是公共的还是私人的，无论是特定的还是一般的，都决定了一个双语使用者讲话的方式。而媒体就是其中一种身份的典型代表。当检验引进文化内容的影响时，研究应该侧重于检验引起个人层面的差异性的文化层面。因为文化的和个人的层面并不是单一的，研究者们应该采用主观文化的方法在一些特定文化层面的集体中，这其中也包括预示了不同文化之间媒体研究的差异性因素。

四、涉外交流的进行方式

交流不仅有不同的意图，而且可以有不同的进行方式：

（一）自我中心型

在这种类型里，甲方完全以自己的文化标准来衡量、评估乙方，乙方也以自己的文化标准来衡量甲方，结果通常是一方或双方都产生误会。

这种情形在涉外人际交流、组织交流、大众传播等交流的各个层次都存在，其原因就是交流的一方或双方对对方的文化都缺乏了解。

（二）控制对方型

在这种类型中，甲方了解乙方的文化特征及双方间的差异，并利用这种差异在交流中达到控制乙方和利用乙方的目的。如果乙方对甲方的意图不了解，便很容易在不知不觉地受到控制。这种类型在涉外人际交流、组织交流和大众传播交流中都存在。例如，近代西方殖民主义者和帝国主义者就是用这种方式与殖民地人民进行交流的。

在现实社会的国际传播中，一方对另一方的意图完全不了解的情况并不普遍，往往是双方都知道彼此的意图，而相互较量。例如，冷战时期美苏之间利用大众传播媒介的宣传战和当今美国的对外宣传均属这种类型。

（三）平等对话型

在这种类型中，双方了解彼此文化的差异和共同点，对不同点也能够相互理解，进行友好交流，这是一种理想的涉外交流形式。例如，中医和西医的科学家们共同研究治疗艾滋病的国际学术交流研讨会，就属于这种类型。要实现这种类型的交流，甲乙双方的意图都应该是互惠的，即共享信息，而且双方都必须对自己和对方的文化有准确全面的了解，做到这一点其实并不容易。

第三章

涉外交流所涉及的要素

第一节 文 化

将文化纳入涉外交流理论中有很多途径。第一，从理论上来说，文化可以视为交流过程中的一部分。第二，交流本身也可以视为创造文化的过程。第三，一种文化可以看做是一种理论内不同命题的边界条件。第四，涉外交流理论可用于解释来自不同文化领域的人们之间的交流。第五，涉外交流理论也可用于解释交流是如何在不同文化间发生变化的。

一、以理性眼光看待跨文化研究中的文化

《现代汉语词典》中将“文化”一词解释为“人类在社会历史发展过程中所创造的物质财富和精神财富的总和”。2001 年 11 月 2 日，联合国教科文组织 185 个与会成员国通过的《世界文化多样性宣言》对文化界定为：“应把文化视为某个社会或某个社会群体特有的精神与物质，理智与情感的不同特点之总和。除了文学和艺术外，文化还包括生活方式、共处的方式、价值观体系、传统和信仰。”

关于文化的讨论大体有两种趋向。一种是广义的界定方法，认为文化是人类区别于其他动物的独特创造，包括人类所创造的一切成果——物质成果和精神成果；另一种是狭义的界定方法，把文化当做人类所创造的精神成果。对于文化的界定大致上从三个不同角度进行：（1）人学角度，强调文化的本质关系到人的本质，本质上是与自然相对的人造物，文化的本质是创造；（2）社会功能角度，强调文化是生产力，是信息和知识，是一种文化心态和符号系统；（3）交流学角度，强调交流是文化的本质，没有交流就没有文化。

在当代世界，由于交通、通信和各类文化设施的日益现代会，国家与国家之间所进行的各种文化交流正在变得越来越频繁。目前，文化交流是否频

繁，已经成为衡量国与国之间相互关系密切与否的一个重要标尺。各个国家的文化都具有一定的传承性。各国文化的发展都难以脱离对本国文化传统的积极传承。一个国家在文化上要想有所成就、有所创新，不但要善于对外进行交流，虚心学习外国文化的一切先进之处，而且还必须继承本国文化的优秀传统，认真对本国传统文化进行吐故纳新。即使在对外文化交流中，各国在对本国传统文化的尊重与维护，也会表现得非常明显。

文化反映了一个国家、一个民族、一个地区的独特的生活方式和思维方式。一个国家的传统文化对本国外交无疑产生限制作用。各国文化之间所存在的差异性是客观存在的。它不可能也不应该被规范到某一种天下一统的模式中。必须看到：国与国之间所进行的文化交流中，不同国家的文化存在着一种趋同倾向。不同文化之间的趋同，是一个相互融合、求同存异的漫长的过程，而并非意味着一种文化要去征服、消灭另一种文化。

文化是一整套的知识体系，它是通过人脑习得、组织、加工信息并且创造现实的内在模型的方式所约束塑造出来的。

当文化被视为一种变量时，例如，X 文化和 Y 文化在操作上可促成一种 A 特征，在每个文化范围内的交流都具有独特性，同时不同文化间又有系统化的相似性和差异性。比如，在个人主义（Individualism）文化中，个人优先于集体；而在集体主义（Collectivism）文化中，集体则优先于个人。个人主义—集体主义可以解释许多交流体系中的变数。具体说来，个人主义文化圈内成员强调通过以个人信息为基础对其他人的交流进行预测，而集体主义文化圈的成员则着重通过以小组人的信息为基础来进行预测。

与个人主义—集体主义相一致的有一般化的交流模式，但个人主义—集体主义在每个特定文化内又显示出其独特性。例如，在日本文化里，集体主义就包含对于语境的集中关注，wa 表示和谐，amae 表示依赖，enryo 表示保守或约束，这些概念对于理解日本集体主义文化是十分关键的。一些其他集体主义文化则重视其集体主义文化倾向中不同的文化构建。因此，任何一种文化内的交流，都是文化的普遍性信息和特殊性信息相互作用的结果，两者缺一不可。

二、个人主义—集体主义

个人主义—集体主义是文化变量中用于解释涉外交流异同的最重要的一个要素。个人主义—集体主义既存在于文化层面，如文化的标准、规则等，又存在于个体层面。我们首先来看文化层面的个人主义—集体主义。

（一）文化层面的个人主义—集体主义

在个人主义文化中，个人的目标被看得比集体的目标更重要。与之相反，在集体主义文化中，集体的目标优先于个人的目标。

集体主义文化中的成员间拥有许许多多的特定的内部圈子（如家庭、宗教团体、社会团体、职业圈子等），而这些圈子在任何特定的社会都可能影响他们的行为。集体主义文化的成员只有一小部分一般性的内部圈子（如工作团体、大学、家庭等一些在亚洲集体文化里影响个人行为的圈子）在跨文化中影响其行为。个人主义文化圈的成员喜欢将同样的价值标准应用到每个人身上。反之，集体主义文化圈里的成员则通常具有个别性，倾向于把不同价值标准应用于集体内、外部成员。

在集体主义文化中，内部圈子还有不同的等级顺序，比如一些人把家庭看得比其他圈子更重要，而另一些人则将公司摆在第一位。具体来说，在日本，公司通常占据内部圈子的首要地位；而在其他亚洲地区和拉美地区集体主义文化体系中，家庭的地位排第一；但整个非洲地区，则把社团和社区置于首位。

个人主义—集体主义通过对与集体身份相关的文化标准与规则以及圈子内外部成员的区别所产生的影响，进而影响交流本身。无论是个人主义文化还是集体主义文化，通常会有一个占主导地位。在所有文化中都具有这两种文化倾向：自我倾向包含的是对“私人利益的追求”，而集体倾向包含的则是“集体共同利益的追求”。同样的行为可以同时具有个人和集体两种倾向。一个公司的部门领导的行为既可以指向他们部门或公司的盈利，同时也构成整个社会的利益。

在集体主义文化中的自我内部圈内关系可划分为三种类型：无差别型、关系型和共存型。集体主义的无差别层面和无差别圈子边界相配套。关系层面的集体主义则被多空边界的标准刻画，在内部圈子成员之间允许思维、想法、情绪的自由流动。它所侧重的就是内部圈子成员所具有的关联性。

共存型层面的集体主义则将公共自我和私人自我的区分。公共自我是被纳入集体主义价值观中的概念（例如内部圈子的团结、家庭间的忠诚度），并同拥护个人主义价值观的私人自我共存（如个人抗争）。

集体主义的关系型和共存型层面多适用于东南亚文化圈内。关系型层面则适用于墨西哥、传统非洲以及太平洋文化圈内。共存型层面适用于阿拉伯和摩洛哥文化圈内。集体主义的无差别型层面在美国比在日本更普遍，日本主要是以关联型集体主义为主导。

集体主义文化中的成员，比起个人主义文化中的成员，更关心要避免伤害他人的感情，不对他人施加沉重的负担。而个人主义文化中的成员把清晰作为重点，比起前者，他们认为清晰是有效对话不可或缺的要素，因此他们视直接要求为达到目的的最有效策略。但集体主义文化则认为这种方法是最无效的。

日本人认为圈内关系（同学）应该比圈外关系（陌生人）更亲密，而美国在这方面并没有什么显著的差异。集体主义文化成分越重（如日本、韩国），在交流的亲密性与协同性方面的差异就越大，圈内和圈外关系的建立也更加困难。在日本和中国香港，圈子成员制（圈内和圈外）对其不确定性削弱进程有显著的效果，而在美国和澳大利亚则不然。

个人主义和集体主义在所有文化领域内都存在着。但是在每个文化圈中，只有一种是主流。个人主义文化为主导的文化区域包括美国、加拿大、澳大利亚、新西兰和北欧。集体主义文化主导的区域则有非洲、阿拉伯、亚洲、拉丁和南欧文化带。

个人主义—集体主义被广泛运用于解释涉外交流。个人主义—集体主义必须同文化标准和规则联系起来，同时还要考虑到自我圈内关系。集体主义的各个层面（无差型、关系型、共存型）也应该被特殊考量。如图 3-1 所示。

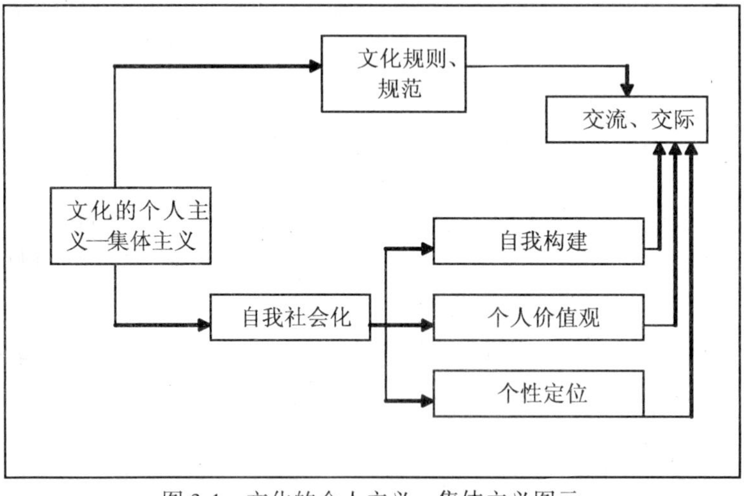

图 3-1 文化的个人主义—集体主义图示

（二）调解文化的个人主义—集体主义对个人交流影响的个人因素

调解文化个人主义—集体主义对个人交流影响至少有三种特性：个性定位、个人价值观及自我构建。它们可以用来解释文化范围内的交流变数。

1. 个性定位

在个人主义文化中，自我为中心的个人通常都理所当然的只关心他们自己的事情而不在乎他们集体的需要。但异己中心的个人则十分关心他们集体的利益。在集体主义文化中，异己中心的个人十分积极地接受和遵守其组织的规章制度，甚至从来都没想过要质疑什么，而自我中心的个人则对接受集体的制度规则总是备感不安和痛苦。

2. 个人价值观

价值观作为个人个性中一个主要的组成部分，对帮助人维护和提升自尊起着巨大作用。个人持有的价值观类型影响着他们对不同行为所采取的不同态度（积极或消极），但价值观本身是和特定情势不相连的。个人可以同时拥有个人主义和集体主义两种价值观，但是只有一种是占主导地位的。个人主义价值观能正确预测交流风格的运用，其情感因素，包括交流中的开放性和精确性；而集体主义价值观则能预测间接交流的倾向和人际间的敏感问题。

3. 自我构建

人的自我构建可以分为两种不同类型：独立型和相互依存型。个人主义文化里强调独立性占主导地位，集体主义文化里则是重视相互依存性的占主导地位。

对强调独立自我构建的个人来说，十分需要保持其独立性，个人应该为其目标奋斗，直接地表现自我。对强调相互依存自我构建的个人来说，适应他们的内部圈子则是十分重要的，表现得体在工作中要占据恰当的位置；他们为提升集体的目标而努力，对他人则要委婉，并顾及他人的情绪。

自我构建和交流的许多方面也有联系。独立自我构建的运用能积极预测戏剧性交流的使用，引导行为的感觉运用，以及对话中的开放性和精确性。相互依存的自我构建的运用和顾及他人感受的委婉交流方式相联系。相比文化层面和个人层面的个人主义—集体主义价值观来说，自我构建是更好的交流预测器。

（三）弱—强语境交流

弱—强语境交流几乎在所有文化里都适用，但通常只有一种语境作主导。个人主义文化里的成员通常使用弱语境交流手段，他们认为委婉间接的交流方式不能进行有效的交流，一般用十分直接的方式同他人进行交流。而集体主义文化里的成员，则多用强语境交流手段，使用委婉的对话方式进行交流，因为维持内部的和谐十分重要。其实强语境交流和弱语境交流各有千秋，只要听者清楚地知道如何去理解说话人在特定语境下的方式，那么就都是有效的。

三、文化变量层面

不确定性回避、权势距离和男权—女权三个层面，同个人主义—集体主义一样，也有文化层面和个人层面的表现形式。这三个层面的文化效应通过文化规范和习俗影响着交流。

（一）不确定性回避

1. 文化的不确定性回避

强不确定性回避文化的成员和弱不确定性回避文化里的成员相比，很难忍受“不确定性和模糊性”，当他们碰到这种情况的时候，会表现出十分不安的能量释放情绪，并且强烈需要正式的规则和绝对的真理，绝不允许人们或者集体内的成员有偏离的思想。而弱不确定性回避文化里的成员并没有那么紧张，不十分重视超我的情形，他们愿意接受异议，并且和强不确定性回避文化的成员相比也更富有冒险精神。

强不确定性回避文化通常具有清晰的规范和准则来引导其大多数行为。规范和准则在弱不确定性回避文化里则没有那么清晰和严格。在强不确定性回避文化里，过激的行为是可以被接受的，但是个人更愿意通过避免冲突和竞争的方式来控制过激行为。在强不确定性回避文化里，需要十分强烈的共感作用，任何有背离倾向的行为都是不被接受的。

强弱不确定性回避在所有文化内都存在，但通常是一种占主导地位。强不确定性回避文化占主导的文化区域包括法国、希腊、比利时、日本、墨西哥、智利、阿根廷和埃及。而弱不确定性回避文化占主导的文化区域则有瑞典、丹麦、印度、牙买加和美国。

2. 个人层面的不确定性回避

不确定性倾向的个体通常希望能减少和避免不确定性，而确定性倾向的个体则试着忽视那些不确定性。

在个人层面的确定性倾向，通常在强不确定性回避文化里占主导地位；反之，不确定性倾向在弱不确定性回避文化里占主导。

(二) 权势距离

权势距离是指在一个机构或者组织里处于较低诠释的人们接受权力不均等分配的程度。

1. 文化的权势距离

强权势距离文化的人视权力为社会中的一项基本事实，他们强调强制的和连带的权力。弱权势距离文化的人则认为，权力只有当其合法的时候才有效用，倾向专门的和合法的权力制度。

权势距离的层面主要聚焦于来自不同身份地位的人之间的关系（比如在组织里的上司和下级之间的关系）。

弱权势距离和强权势距离在所有文化里都存在，但通常只有一种作主导。强权势距离主导的文化区域有埃及、埃塞俄比亚、加纳、印度、马来西亚、尼日利亚、巴拿马、沙特阿拉伯以及委内瑞拉。弱权势距离文化做主导的区域有澳大利亚、加拿大、丹麦、德国、爱尔兰、新西兰、瑞典和美国。

2. 个人层面的权势距离

一个调解文化的权势距离对交流影响的个人层面的因素就是平等主义。平等主义就是视他人均为平等的。

在弱权势距离文化里，高平等主义占主导地位；反之，在强权势距离文化里，低平等主义占主导地位。

(三) 男权—女权

男权—女权是集中关注文化层面和个人层面上的性别问题。

1. 文化层面的男权—女权

男性文化和女性文化的主要分歧在于在一个文化里性别角色是如何分配的。

与男权相适配的社会是那种社会性别角色有明确的区别的社会，就是说，男性被认为是专断、坚强、成功的主要物质获取人，而女性则被认为是规矩、温柔、关注生活质量的人。与女权相适配的社会是那种性别角色在社会中有互叠成分的，也就是说，男性和女性都应该被认为是规矩、温柔、关注生活质量的人。男权为主导的文化圈的成员十分看重表现、野心、物质、权力和专断，而女权为主导的文化圈的成员则看重生活的质量、服务、对他人的关心和培育之心。

男权和女权文化在所有文化区域里都存在，但通常只有一种作为其主导。男权文化主导的文化区域包括阿拉伯文化圈、日本、奥地利、德国、意大利、瑞士、新西兰、墨西哥和委内瑞拉等。而女权文化主导的文化区域包括智利、哥斯达黎加、东非、丹麦、芬兰、荷兰、葡萄牙和瑞典，美国则处于两种文化分界的下端。

2. 个人层面的男权—女权

一个调解文化男权—女权对交流影响的个人层面的因素就是心理性别角色。如果个体表现强程度的典型男性特征和行为，例如过激性、竞争性、主导性，以及弱程度的典型女性特征和行为，又如富有同情心的、敏感的、温暖的，那这些个体则是拥有男性性别身份。如果个体表现出强程度的典型女性特征和行为以及弱程度的典型男性特征和行为，那这些个体则是拥有女性性别身份。如果个体表现出的男女性特征都十分明显，那这些个体则具有雌雄同体的性别身份。如果两种特征都表现得不明显，那这种个体则具有无差别性性别身份。

拥有传统性别倾向的个体，即强男性特征的男人和强女性特征的女人，通常都是以其自身的性别为基础来组织和回忆信息的，并且他们更愿意遵循合理行为的文化定义。具体来说，在主流美国文化里，通常意义上的男权男性是独立且不具培育性的，而通常意义上的女权女性则是具有培育性但并不独立。雌雄同体在女权文化里占主导地位，而强男性特征和强女性特征则在男权文化里占主导。

（四）孔子论

中国文化联合会将文化变量分成了 4 个层面：孔子动态理论（如讲究礼义廉耻），平等论（如与他人和谐相处、团结互助），人性（如耐心、谦虚、慷慨），道德自律（如节欲、节制）。

孔子动态论层面包含 8 种价值观。有 4 种积极面的：遵循伦理关系、节俭、有毅力、有廉耻心。4 种消极面的：爱面子、故步自封、顽固不化、重复循环。中国文化联合会声称 4 项积极倾向的命题反映了当前中国社会的一种等级动态，而 4 项消极倾向的命题则成为这种动态的阻碍。

四、交流中的文化变量论

已经有大量的理论学家运用了文化层面或个人层面的变量来解释涉外交流的差异性。这些理论包括面子协商理论、交流性约束理论、预期违反理论、焦虑/不确定性管理理论、交流适应性理论。

（一）面子协商理论

文化的规范和准则影响着文化成员如何处理面子问题和冲突情形的方式。

弱权势距离文化里的成员维护和坚持他们的私人权利。他们倾向于通过信息为基础的互动来缩小他们之间的尊敬和听从等距离感。反之，强权势距离文化里的成员则对他们的义务看得比较随意；他们的成员十分关心纵向的面子功夫的互动（比如，他们通过某种正式的互动来放大彼此间的尊敬和听从的距离）。

集体主义文化里的成员多运用关系的、进程倾向的冲突策略，而个人主义文化里的成员则多运用实质的、结果倾向的冲突策略。强权势距离文化里，高地位的人比低地位的人更常运用委婉语言的面子功夫策略（例如，委婉的提问和关系压逼）；而弱权势距离文化里，高地位的人通常运用直接的言语策略（例如，批判和训斥）。

文化变量的个人层面的调节器同面子行为和冲突类型相联系。重视自我面子的倾向的人会使用主导性/竞争性冲突方式和实质型冲突解决模式；照顾他人面子的倾向的人会使用避免/强制冲突方式和关系型解决模式。

倾向运用自我构建的类型模式而并不把它们当做互相对立的个体。独立性自我构建通常运用主导性/竞争性冲突解决模式和实质性冲突解决模式；相互依存的自我构建则倾向使用避免/强制冲突方式和关系型解决模式；双构建的类型（两种自我构建都很强烈）运用两种模式，而矛盾构建类型（即两种构建都比较弱）则不会选择其中任何一种模式来解决问题。

（二）交流约束理论

在交流约束理论中，对话是具有指向性目标的，且需要交流者之间的相互协作。个体追求大量的互动目标，例如获得赞扬、获取信息、改善关系等。在追求这些目标的过程中，个体会在个人的或文化方面产生大量的约束信息。交流约束影响着信息的构建方式和个人的谈话风格。

交流约束有两种：社交关系型和任务定位型。社交关系型约束强调避免伤害听者的感受，将他人的负担降到最小。任务定位型约束强调的是清晰度（例如，交流信息的目标被清晰传达的程度）。

在追寻目标的时候，集体主义文化圈成员，比起个人主义文化里的成员来说，把面子支持行为（避免伤害听者的感受、减少听者的负担、避免听者的消极评价）看得更加重要。因此他们更注重选择更多的策略来提升面子。而个人主义文化里的成员在追求目标时，则把对话的清晰度看得更加重要，因此他们对于对话清晰度的标准相对来说要高些。

在个人层面上强调相互依存自我构建的个人，极其希望避免丢失面子，并被内部群体成员所接受；而强调独立自我构建的个人则倾向于采用尖锐的、直接的、清晰的、毫不含糊的和精确的语言战术。活用相互依存自我构建的个人在追求目标的时候，比活用独立自我构建的个人，把避免伤害听者感受、减轻听者负担看得更加重要；而活用独立自我构建的个人在追求目标的时候，比活用相互依存自我构建的个人，把对话清晰度看得更加重要；而活用两种自我构建的个人，则把关系好坏和对话的精准有效性看得都十分重要；而两种构建都不具备的个人，则对关系约束和对话清晰度都不看重。

除了自我构建，对认同的需求、对控制的需求和性别角色也可用来解释交流约束。越渴望得到认同的个人，越把听者的感受看得重要，个人心理性别越女性女权化。越希望主导的个人，越强调对话清晰度的作用，而个人心理性别越男性男权化。

（三）违反期望理论

该理论是预期环境范围内不同人之间交流和人们实际如何回应交流相违反的理论。它最初是被指定为处理非语言空间关系违反的理论，现在已经被运用于理解交流上的跨文化变量和涉外交流行为了。

交流期望就是被预期的语言和非语言行为的模式。该期望是建立在社会规范和准则与典型行为的个人特定模式之上的，个人预期行为的偏离会引起他人的注意和警觉。到底是善意的提醒还是恶意的警告，取决于交流者的价值取向，而他们的价值取向又和个人的个性相关（比如受欢迎和被熟悉的程度）。一旦发生违反情况，各种因素包括交流者（比如个人的显著的特征、个性、社会技能等）、关系网络（熟悉程度、吸引力、互动者之间的共鸣度），还有环境（比如环境约束和情境）都应该在评判期望违反时放入考虑范围内。每一个文化预期的“内容”都随着文化变量的不同层面而改变。特别要指出的是，集体主义文化的成员对语言的委婉和礼貌性的期望比个人主义文化的成员更大。

不确定性回避和交流行为被社会规范和准则管控的程度与预期相联系。低不确定性回避文化比高不确定性回避文化有着较少的习俗和准则管控行为；高不确定性回避文化的成员通常更加无法忍受偏离性行为。

在强权势距离文化里，一项对高地位人所做出的违反（例如，非语言空间性违反）将会被视为一种归属于角色的违反，势必会对人造成压力和不安，产生消极的后果。

（四）焦虑/不确定性管理理论

焦虑/不确定性管理理论关注的是不同个人和不同群体的有效交流，并将跨文化变量纳入其中。这项理论最基本的论点，就是有效交流产生于对不确定性和焦虑的细心管理。其他随着文化改变而改变的因素，例如社会身份和态度，影响着个人的不确定性和焦虑的成分多少。

总的来说，个人主义文化里的成员更加懂得维持他的独立性自我构建，允许个人身份影响他们的行为，并且比集体主义文化里的成员更懂得在同陌生人一起时的自我监管。集体主义文化里的人们同陌生人交流时，多用相互依存的自我构建引导他们的行为，允许社会身份对行为的影响，并且更关心其社会适应性。

强不确定性回避文化里的成员，与弱不确定性回避文化里的成员相比，通常对陌生人采取强硬的态度，和他们交流的时候，往往表现出一种对于模棱两可的表达无法忍受的感觉，并且他们看待陌生人行为时有着消极的预期。强权势距离文化的成员和弱权势距离文化的成员相比，很难对陌生人传递复杂的信息且不具备什么合作的精神。强男权文化中的人和强女权文化中的人相比，呈现出和陌生人之间更加低的依存性。

（五）交流适应理论

交流适应理论与通过对评估语言和非语言行为以及辅助语言（副语言、手势语）等在不同群体间人们的互动的理解相关联。

交流适应理论受个人主义—集体主义对调适进程的影响。个人主义和集体主义可以指示出人们采纳的调适策略。在个人主义文化里，非语言交流通常是私人的，个人主义一般比集体主义文化里的人更具有趋同于他人的倾向。

个人主义文化里的成员通常对外部成员的靠近作出回应，并且也会对等地对外部成员做出靠近趋同的举动；而集体主义文化里的成员，则更多地运用语境交流方式（是一种强调关系角色的交流方式），这种方式通常形成的是与外部成员的礼貌的交谈策略和正式的语言运用。

集体主义文化里的成员太过重视内部群体和外部群体的界线，因而对外部群体的人所表现出来的常常是十分疏离的状态，如果他们觉得外部群体的人侵犯了他们的群内界限，则会表现出十分不好的消极的态度。

五、交流中文化变量的评估标准

首先，涉外交流所包含的文化变量不止一个。例如，要解释同陌生人（外部群体成员）之间的交流，就需要通过在个人主义—集体主义的层面上和不确定性回避理论层面上来实现。

其次，涉外交流必须直接将文化变量的不同层面和影响交流的那些特定的社会规范和准则联系起来。因为文化变量的不同层面直接影响文化的规范与准则，且它们本身也是受遵循这些规则的文化区域内的人所影响的。

最后，同调解文化变量的不同层面的个人层面因素（例如，自我构建）相联系的交流行为，应当和社会规范、准则联系起来。作为个人层面的因素是文化范围内的交流变量，而不是被社会规范和准则引导的交流本身。例如，交流的风格就不是由文化规范准则引导的，而是个人层面因素的作用(例如，自我构建)。

鉴于文化变量的不同层面和调解其效应的个人层面的因素对交流的不同影响，通常说来，两个层面的分析是不应该涉及相同变量的。具体说来，交流的看法只是被其中一种而非两者同时所阐释的。如果两种层面的分析都和相同的交流行为联系，并且这些交流行为都是被文化的规范和准则所引导的，那么个人层面的调节因素将指示的是文化圈内成员遵循文化规范准则的相似度。

总的说来，文化层面和个人层面的现象都需要被同时纳入到跨文化理论中去。

第二节 价 值 观

在涉外交流研究中，价值观是个至关重要的问题。价值观是文化的底层，不理解其差异就不能理解不同文化之间的根本差异。

一、什么是价值观

学者对价值观的定义有很多种：（1）价值观是个人或群体主要通过文化交流而构成的模式。它是最深层的文化。① （2）价值观是喜欢某种事态而不喜欢另一种事态的大致倾向。② （3）价值观是个人或群体所特有的一种显性或隐性的认为什么是可取的观念，这一观念影响人们从现有的种种行动模式、方式和目的中做出选择。③ （4）价值观通常是规定性的，告诫人

① Michael Prosser. *The Cultural Dialogue: An Introduction to Intercultural Communication*. Houghton Mifflin Co, 1978, p. 174.

② Geert Hofstede. *Culture's Consequences: International Differences in Work-Related Values*. SAGE Publications, 1980, p. 18.

③ Michael Prosser. *The Cultural Dialogue: An Introduction to Intercultural Communication*. Houghton Mifflin Co, 1978, p. 176.

们什么是好的和坏的，什么是正确的和错误的，什么是真实的和虚假的，什么是正面的和反面的，等等。文化价值观确定什么是值得为之献身的，什么是值得保护的，什么会使人害怕，什么是应该学习的，什么是应该耻笑的，什么样的事件会使人们团结起来。最重要的是文化价值观指导人们的看法和行为。①

概括起来，价值观是决定人们所持看法并采取行动的根本出发点，它与文化一样是一种抽象和概括，用肉眼无法看见，但通过观察人们的言行举止可以发现人们持有什么样的价值观。价值观有时与信念和态度相混淆，实际上它们之间是主与从的关系，即价值观是主，而信念和态度是从。价值观决定了人们会有什么样的信念和态度，也可以说，信念和态度是价值观的表现。

二、价值观与交流的关系

概括起来，价值观是决定人们所持看法并采取行动的根本出发点，它与文化一样，是一种抽象和概括，用肉眼无法看见，但通过观察人们的言行举止可以发现人们持有什么样的价值观。价值观有时与信念和态度相混淆，实际上它们之间是主从关系，即价值观是主，而信念和态度是从。价值观决定了人们会有什么样的信念和态度，也可以说信念和态度是价值观的表现。

三、价值观与交流的关系

价值观与交流是支配和反映的关系。首先，价值观决定人们如何进行交流。无论是语言交流、非语言交流还是社会交往，无一不受价值观的支配。

以语言交流为例，中国人比较喜欢以委婉含蓄的方式表达自己的意思，一般不喜欢正面冲突。西方人常常为此把中国人说成是“不可捉摸的”。实际上，中国人并不是不可捉摸，而是我们重视人际关系的和谐，这就决定了我们在说话时注意不太直露，尽量含蓄，唯恐直截了当会伤害对方的面子和彼此间的感情。在中国人之间这样做大家都能理解，也都认可。西方人却不同，尽管他们也重视人际关系，但首要的是把事情办成（get things done），他们一般不能理解为什么我们这样“绕圈子”。表面上看，这是两种表达方式的差异，实际上这是两种价值观的冲突。人们在相互交往时，中国人十分

---

① Larry Samovar and Richard Porter. *Communication Between Cultures*. 2nd. Wadsworth Publications Co，1995，p. 68.

注意谦逊，不仅在言谈话语中时时注意，而且在行动时也处处留心，这样做也是考虑到人际关系的和谐。中国人一般接受这些做法，但西方人往往不理解，这就说明价值观决定了人们的行动方式和交流方式。

从另一个角度来看，我们可以说交流也反映出了人们的价值观，这种反映可以是直接的或间接的。比如，从人们言谈中经常强调什么中，可以大致看出他们的价值观，这是直接的反映；从人们不谈什么以及谈话的方式中，也可以看出人们的价值观，这是间接的反映。

四、价值观的特点

价值观是文化中最深层的部分，它是人们在社会化过程中逐渐获得的。而价值观一旦形成，它便支配着人们的信念、态度和看法，成为人们行动的指南。

价值观形成以后，具有相对的稳定性和持久性，不会轻易改变，但也绝不是不能改变的。当社会状况发生巨大变化时，人们的价值观往往也会随之改变。“代沟”，即代与代之间在观念上的差异，它反映出年轻一代在价值观方面已经较上一代发生了变化。

第三节 思维方式

一、不同文化中的思维方式

（一）不同文化对思维方式的影响

1. 思维与思维方式

思维是以概念、判断、推理等形式反映客观世界的过程。人们在思维时之所以能反映出事物的本质从而解决问题，是由于思维能对进入大脑的各种信息进行深入加工。

思维方式是指人们的思维习惯或思维程序。

2. 文化与思维方式

思维方式因人而异，来自不同文化背景的两个人的思维方式的差别就更大。世界各种文化群体既有人类所共通的思维规律，也有在自己文化氛围中形成的各具自我特色的考虑问题、认识事物的习惯方式和方法。比如，中国人写信时的地址顺序是国名→省名→城镇名→街道名→住宅的门牌号码→收信人，而美国人的顺序却恰恰相反，是收信人→住宅的门牌号码→街道名→

城镇名→省名→国名。这里面就包含了两种文化思维方式的差异：中国人思考问题的程序是从大到小，美国人思考问题的程序则是从小到大。

人们常用东西方文化对比的方式来说明东方人与西方人思维方式的异同，如说西方人属于分析思维，东方人属于综合思维，这样的划分未免过于笼统。属于东方文化的不同民族中，其思维方式也各有差异，西方文化中的不同民族亦是如此。

日本学者中村元对亚洲的印度人、日本人、中国的汉族人与藏族人的思维方式特点作过论述，指出他们在思维方式上的不同。例如，汉族人有形象思维的特点，而印度人则有抽象思维的特长。

在西方国家里，虽然亚里士多德的逻辑思维是他们的共同特点，但各国的思维方式又都各具特点。普瑞布莱姆（Karl Pribram）提出了西方国家的四种①思维方式：

（1）唯名论式的推理（Nominalistic Reasoning）方式，或称归纳推理法。它是由特殊到一般的推理方式，有唯名论的倾向。这种思维方式不那么相信概括范畴，把像正义、美这样的抽象概念只当做一个个名称。这是英国人和美国人习惯的思维方式。对于美国人来说，世界是由事实构成的，而不是由思想、概念构成的。他们的思维过程一般是归纳推理：从具体事实出发，进行归纳概括，从中得出观念性或结论性的东西。因而这种思维方式的重点放在归纳和综合上。从法律体系上看，英美法系就是这种思维方式的一个突出例子。

（2）一般性推理（Universalistic Reasoning）方式，或称演绎推理法。它是由一般到特殊的推理方式。法国、地中海国家和拉丁语系的大多数国家和地区的人民，包括大多数拉丁美洲城市居民都具有这种思维倾向。他们认为思想理论具有真实性和重要性。他们抽象的演绎推理对于“观念”赋予优先权，对自己信仰的思想理论比英美人具有更多的信心，满足于在信仰的概念与客观世界之间建立联系。他们觉得不必像英美人那样去搜集大量的事实和数字，他们倾向于通过逻辑推理的方法，从一个概念推导出另一个概念。他们对思想、概念确信不疑，并对它拥有信心。而英美人更确信通过实际观察和测量得来的理论和概念。从法律体系上看，大陆法系就是这种思维方式的一个典型例子。

---

① Pribram, Karl. *Conflicting Patterns of Thought*. Washington: Public Affairs Press, 1949.

用演绎推理思维的法国人有一种倾向，认为思想观念是真实世界的组成部分，这些思想观念是活生生的。他们把一种新的观念作为一种新的“发现”。而用归纳法的美国人对一种新的概念认为只是一种新发明，这种新发明常常是粗糙的和模糊的，常常有待于用实例来修正。

（3）直觉推理法（Intuitional Reasoning）。直觉推理重视直觉的程度要大于归纳推理和演绎推理。它强调整体与部分之间的有机联系，并利用来自权威的思想。这种思维方式在德国和讲斯拉夫语的中欧盛行。

（4）辩证逻辑方法（Dialectical Reasoning）。这是由黑格尔创立的（唯心主义的），由马克思发展的（唯吻主义的）方法，认为对立统一规律不仅是唯物辩证法最基本的规律，而且也是辩证逻辑最基本的规律。它要求分析与综合相结合，归纳与演绎相结合，逻辑方法和历史方法相结合。这种方法在信仰马克思主义的人们中间流行。

学者们认为，思维方式是影响人们修辞技巧的原因之一。以英语为母语的人，其思维方式是直线式的。以拉丁语（法语和西班牙语）为母语的人，用英语写作文时表现出来的思维方式是以文章中穿插一些离题的句子为特色。以俄语为母语的人，用英语撰写的文章段落中常有一系列猜想式的平行成分和一些平行成分，至少有一半与句子中心思想毫不相关，从本质上说，它们在结构上是与从句有关的插入式补充材料。以闪米特语（阿拉伯语和希伯来语）为母语的人，使用各种各样的平行线式的思维方式。在阿拉伯文中，段落的发展是基于一系列复杂的平行式结构，无论是肯定式还是否定式都是如此。

（二）形成一种思维习惯的原因

思维方式的成因是一个复杂问题，而影响一种文化的思维方式的原因是多方面的。思维方式受生理基础，首先是脑结构的制约和影响；但思维方式更多的是社会文化的产物，具体说来，它受到生产方式、历史传统、哲学思想和语言文字等方面的综合影响。

1. 生产方式

有学者认为，英国人的思维方式是“经验论”，在很大程度上与“店小二之国”和商人社会历史有关。对商人和小贩来讲，清点发出货物和收到货物的准确性是至关紧要的，因此在英国人的思维方式中，对通过直接经验感到的事实的关切是非常重要的，认为感性的经验是知识的唯一来源。

2. 历史传统

有人认为，美国人的实用主义与美国的历史有关，美国是个移民国家，移民多是从旧大陆出走，为了摆脱旧大陆各种思想上条条框框的束缚，到新大陆来寻求自由的。到了新大陆后，他们面临着许多意想不到的问题，因此形成了“有用就是真理”的思维倾向，认为思维只是应付环境、解决疑难的工具。

3. 哲学思想

在一定意义上说，思维方式是从方法论的角度对民族文化和其他实践活动的一种抽象。由于哲学包含较多的方法论内容，所以哲学与思维方式有紧密联系。一个民族的哲学，往往很强烈地体现着该民族的思维方式。但是，哲学并不等于思维方式，哲学有自己的特殊对象和内容。

4. 语言文字

最早提出语言对思维方式有影响的是萨皮尔（Edward Sapir）和沃尔夫（Benjamin Lee Whorf）。他们认为，在形成思维方式和客观事物的感知中，语言具有极为重要的作用，这被称为“沃尔夫假设”。爱德华·霍尔认为，沃尔夫对西方思想的最大贡献，是他对涉外交流中语言与事件的关系所作的精细描写。他认为不同的文化有将语言和各种现实情况联系起来的独特方式，这些独特的联系方式可以成为了解文化差异的主要信息源泉之一。人间发生的一切事情，无不受语言形式的深刻影响。例如，霍比人（印第安人的一支）相当讲究实用和精确，难以理解基督教的神秘世界，其原因就在于，他们不参照其他感觉经验，就不能构想抽象而空虚的空间，天堂的概念不适合霍比人的思想。

语言对于一种文化群体思维特点的形成有重大影响。学习过一种外语的人，都会观察到语言和文化之间的密切联系，但人们往往忽视了一种语言形成后对思维过程和思维习惯的影响。语言是一种文化的精华，是人类思维的工具。一般人的思维是借助于语言来实现的。一般语言又是以语音或字形为物质外壳，以词汇为建筑材料，以语法为结构规律而构成的体系。语言所包括的语法结构，也是人类思维逻辑规则的表现。不同的语言有不同的语法，因而各种语言之间的差异，会影响到使用这些语言的人们的思维方式的差异。

人们在孩提时代就学会了母语，这就为自己本民族文化的认知方式、思维方式的形成打下了烙印。

语言是影响一种文化成员思维特色形成的原因之一。语言和思维之间存在着相互影响、相互作用。“了解这种相互作用会使人从一种语义学的禁锢中解放出来，避免犯康德曾经犯的那种错误。康德由于不懂任何一种非西方语言，可能因此认为他所构成的思维范畴在人类的思维中是普遍的。理解语言和思维之间的相互关系的确是文科教育的精华之一。”①

二、中国人与英美人思维方式的差异

(一) 中国人偏好形象思维，英美人偏好抽象思维或逻辑思维

1. 形象思维和逻辑思维的关系

形象思维（Imagination）指人在头脑里对记忆表象进行分析综合、加工改造，从而形成新的表象的心理过程，它是思维的一种特殊形式，即通常所说的想象。所谓想象，是指物体在头脑中所呈现出来的该物体的形象。例如，每当我们回想起一个熟悉的人时，他的音容笑貌就立刻浮现出来了。

抽象思维（Obstract）或逻辑思维（Logical）是运用概念进行判断推理的思维活动，这种思维需要遵循逻辑规律，所以又称逻辑思维，主要是指亚里士多德式的逻辑思维。

人的形象思维和抽象思维是密切联系、互相渗透的，人在解决问题的过程中经常要运用各种思维。出于职业需要，人们在进行思维活动时可能会有所偏重，如文学家偏重形象思维、数学家偏重逻辑思维等。任何人都具有达到思维发展高级水平的潜能，但由于文化传统的不同，人们对形象思维和抽象思维的偏好也有所不同。

2. 中国人形象思维发达逻辑思维不发达的表现

中国人的形象思维很发达，比如，中国文学史中形象类比的手法很丰富。从《诗经》的首篇“关关雎鸠，在河之洲，窈窕淑女，君子好逑”开始，到屈原作的《橘颂》、魏晋南北朝的骈体文、唐朝的律诗、明清的对联，形象类比的方法运用得相当普遍，以至于著名学者王夫之在《周易外传》中说：“盈天下而皆象矣。《诗》之比兴，《书》之政事，《春秋》之名分，《礼》之仪，《乐》之律，莫非象也。而《易》统会其理。”在他看来，儒家的《六经》都是用形象比喻讲明道理的，其中《周易》则是集中讲用形象类比思维方式的。②

中国人重视形象，实际上只强调了思维中的表象作用，而并未较好地发

---

① Chu, Yu-kuang. *The Chinese Language. in*: *An Introduction To Chinese Civilization.* Edited by John T. Meskill. Columbia University, 1973, p. 615.

② 参见姜广辉：《整体、直觉、取象比类及其他》，见张岱年、成中英等：《中国思维偏向》，中国社会科学出版社 1991 年版，第 84~85 页。

展到概念。例如，《论语》中有105处讲到儒家思想的一个重要概念“仁”，但“仁”的本义究竟是什么，孔子没有明确说出，使得后来的学者众说纷纭。中国抽象思维不够发达由此可见一斑。再如，汉语语法研究直至1898年的《马氏文通》出版，才成为独立的学科，这大大晚于印度文化体系和希腊文化体系。在印度，公元前500年，语法家帕尼尼就著有《梵语语法》。在古希腊，公元前5世纪就开始了语言学理论的研究。狄奥尼西奥斯·斯拉克斯约在公元前100年时就著有《语法术》，该书被奉为准则千余年，对现代语法仍有巨大的影响。语法是人类思维长期抽象化的工作结果，可以说，语法规则反映着人类思维的逻辑规律。在四大文化体系中，汉语语法出现较晚，这从某个侧面反映出中国传统文化中抽象思维略逊印度文化和希腊文化一筹。

语法与逻辑有着紧密的联系，语法发达，逻辑学也相应地发达。古希腊的亚里士多德的逻辑是由对希腊语言的反思以及对希腊语言的直觉而发展出来的。古印度和古希腊的逻辑学就比较发达。中国先秦墨家和名家的逻辑学没有发展起来，或许是因为缺少严密的形式逻辑和形式化的数学。魏晋南北朝随佛教传入我国的“因明学”就包含逻辑学，因明学阐述了逻辑规则和逻辑错误。唐朝时，玄奘曾翻译了《因明入正进论》等因明论著作，并讲授因明论，可是到了弟子窥基之后就中断了。被尊为中国因明学最高权威的窥基，对于形式逻辑学的核心问题，则缺少理解。① 这说明中国的逻辑学在佛教传入前很不发达。在中国的传统思维形式中，除了一般的归纳推理和演绎推理外，习惯上更擅长对比推理。在欧美文化中，有根据亚里士多德的原理建立起来的一套逻辑体系，而他们的思维方式则体现了这些原理。大约2500年前，三段论推理的运用已成为西方人思维的基石。鸦片战争后，西方文化大量传入中国，“逻辑”一词由严复译自英语“logic”，由于当时汉语词汇中没有对应的词，因而采取音译。这段中外文化交流史也可从某个侧面说明，中国人对逻辑的认识不如西方发达。

3. 造成差别的原因

造成中国人形象思维的突出的原因是多方面的，而象形文字是最重要的原因之一。汉字的形象作用在今天仍在发挥作用。汉字起源于图画，是一种象形文字。虽然经过几千年的演变和简化，其象形的特色已经减色不少，但

① 中村元著，徐复观译：《中国人之思维方法》，台湾学生书局1991年版，第46-47页。

今天的一些汉字依然有象形的特征，如，“哭、笑、人、山、川、田、水、火、日、月、牛、羊、鱼、木、禾、口、凹、凸、伞”等汉字。

汉字的象形特点充分表现在中国书法上，中国书法是表现文字形象美的艺术，这几乎是世界上独一无二的。中国古代文化传统中，书法和绘画不分家，这也从一个侧面说明中国文字与绘画的密切关系。这对汉民族的认知过程、思维方式的特点产生了影响。

（1）左脑负责逻辑思维右脑负责形象思维的发现。

人的思维是靠大脑进行的，大脑两个半球相应区的功能不尽相同，这种现象在婴儿期开始出现，随着环境的影响，特别是语言的学习而日益发展和稳定。在生命的早期阶段，两半球的功能有一定的可塑性，当一侧半球受到损害时，其功能可为另一半球所代偿，但在大脑半球功能单侧化定型后，这种代偿便不能产生。1981 年的生理学诺贝尔奖获得者之一，美国医学生理学家斯佩里教授（Roger Wolcott Sperry）发现，左脑的最大特征是管理“语言中枢”，负责理解语言及数字计算，它能将复杂的事务细分为单纯要素，有条不紊地进行条理化思维，也就是逻辑思维。右脑负责鉴赏绘画，观赏自然风光，欣赏音乐，凭直觉观察事物，纵观全局，把握整体。这些功能可分为五个方面：类别认识能力、图形认识能力、空间认识能力、绘画认识能力和形象认识能力。简言之，右脑是管形象思维的。

（2）汉字认知中的两大神经心理特点（双重编码和复脑文字）的发现。

近 20 年来，神经心理学的研究发现，“人脑认知汉字时，不像拼音文字那样偏向左脑，而是左右脑并用的。因而可以说，汉字是‘复脑文字’，拼音文字是‘单脑文字’，这大概与汉字的形态特点有关”①。

胡碧媛等心理学家在用半视野速视术，对 150 名 7～16 岁的中国儿童、少年进行表意文字（汉语单字及双字词）辨认的测验发现：7～10 岁的儿童对汉字的单字、双字词及汉语拼音单词的辨认都是左半球优势；11～16 岁儿童、少年除 11～12 岁组对汉语单字的辨认仍为左半球优势外，其余均为两半球均势。这说明使用汉语的中国人在个体发育中，大脑两半球的语言功能有一个变化发展的过程。尹文刚等人的研究表明，中国的成年人（18～22 岁）对汉字的辨认也是两半球均势，这与使用表音文字的人对表音文字的辨认是左半球优势有明显不同。以表音文字为母语，以汉字为第二语言的外

① 郭可教：《“双重编码”和“复脑文字”》，见中国社会科学院语言文字应用研究所：《汉字问题学术讨论会论文集》，语文出版社 1988 年版，第 111 页。

国人对汉字的辨认也是大脑两半球功能均势，这一差异与汉字的特点有关。汉字与拼音文字在义和形的关系上截然不同，拼音文字中，音、义之间有不直接的关系，又存在着严重的形、音分离现象，同一个字母在不同词中读音不同，同一个音素在不同单词里的字母构成不同。汉字是形、音、义的统一体，且音同形异的字多，字形和字义有密切关系。因此，汉字的形、义之间的联系强于音、义之间的联系，这是有别于拼音文字的显著特点。而这种特点使得大脑对它们的信息处理方式可能一方面需要有如同对拼音文字认知一样的语音转录，当然这种转录是通过方块字形与字音之间形成机械记忆来达到形、音、义联系自动化；另一方面由于汉字具有很强的方块图形，使人们在汉字认知过程中对形的依赖特别大。大量研究已经表明，对图形的辨认主要依赖于右半球的共同作用是完全可以理解的。①

复脑文字是后天形成的，汉字的形象性是形成的原因。上述研究结果还表明：中国人在汉字辨认上大脑两半球的语言功能均势并非从学龄儿童一开始就是如此。口头语言与书面语言的关系，在表意文字和表音文字中是有差异的。人类对语言的掌握都是先口头语后书面语，且无论是使用拼音文字还是表意文字，在口头语言上都是音义直接联系；但对拼音文字来说，书面文字与口头语言均为音义联系，所以学习书面文字对这种联系起着强化作用。但汉字则不同，它不再是那种音、义的直接联系，而主要是以形辨义。因此，从口头语到学习书面语，就没有那种强化作用，而需要通过字形与汉语的音义挂钩进行机械记忆，进行形→音→义联系。不但如此，还因汉字同音异形多，随着词汇的增加，形→音→义的处理方式已不适应学习的需要，加之教师在教学上对字形与字义之间的联系特别强调，故对字形的依赖日益增加，从而渐渐形成了相对独立的形、义联系方式。如前所述，此时右半球的参与也就成为必要。由于这种方式是在学习过程中、在词汇量渐增的情况下逐步形成的，所以这可能是导致中国人在汉字认知过程中出现一个随个体发育从左半球优势到两半球均势的原因。

同一语系的汉族和藏族，由于使用的文字不同，藏族左脑优势，汉族是双脑均势。藏族在公元7世纪时，借鉴印度梵文，创造了属于拼音文字系统

---

① 胡碧媛、许世彤、区英琦：《中国儿童、少年在表意和表音文字辨认中大脑两半球的机能特点》，载《心理学报》1989年第2期；罗春荣、纪桂萍、房路江：《从汉字识别看视觉信息检测的整体优先性》，载《心理学报》1989年第2期；朱晓平、顾泓彬：《汉语字词识别研究的现状》，载《心理科学》1992年第1期。

的藏文。中国心理学家的研究表明，藏族同胞在识读藏文时是左脑优势，这就进一步支持了是汉字而不是汉语的口语成为汉族人识读汉字时形成双脑均势的原因，即文字比口语对大脑思维过程的影响大得多的观点。①

属于不同语系的汉语和日语，由于文字具有相似之处，日本人也具有双脑均势的特点。日本人公元5世纪开始使用汉字，公元7世纪借鉴汉字创造出假名，汉字和假名是日本的现代文字。“日本借用汉字并保留了其词素的特征，而假名则是其音节符号。日本心理学家发现，左半球在对假名的感知中占优势”②。“对中国人和日本人不读症的研究，却使科学家发现了汉语和汉字的特殊性，它不仅涉及大脑左半球，而且涉及大脑的右半球”③。这进一步证明汉字是形成汉族人识读汉字时形成双脑均势的原因。

我国心理学家对第二语言为拼音文字的中国英语专业的大学生和以拼音文字为母语在我国学习的外国留学生进行汉字、英文辨认实践的研究结果都为两半球均势，而不懂中文的外籍教师对拼音文字的辨认仍为左半球优势。这提示：语言环境的变化能影响大脑对信息的处理方式。④使用汉语为母语的中国人，在处理外界信息时，汉字语言环境的形象思维特点对外界信息施加了影响，促使经过处理的外界信息带有形象思维的印记。上述实验同样支持了汉字而非汉语口语，是形成汉族人识读汉字时形成双脑均势原因的。

综上所述，象形的汉字对大脑的思维过程发生了不同于拼音文字的影响。由于汉字是左右脑均势，促进了右脑的发展，右脑是负责形象思维的，所以使用汉字的人形象思维发达，应该说是符合逻辑的。而拼音文字是左脑优势，促进了左脑的发展，左脑是负责逻辑思维的，所以使用拼音文字的人逻辑思维发达，应该说也是符合逻辑的。世界各民族思维方式的发展历史恰恰与上述设想相吻合。以汉字为书面语言的中国人和日本人的思维方式发展历史，表明其富于形象思维，而亚里士多德式的逻辑思维不够发达；使用拼音文字的民族，如印度文化、希腊文化、阿拉伯文化、我国藏族同胞的文

① 王克虹、许世彤、区英琦：《藏族、维吾尔族在表音、表意文字辨认上大脑两半球的功能特点》，载《心理学报》1990年第2期。

② ［美］迈克·彭：《中国人的心理》，邹海燕等译，新华出版社1990年版，第44页。

③ 张亚军：《对外汉语教学法》，现代出版社1990年版，第373页。

④ 羊彪、许世彤、区英琦：《母语不同者在汉字及英文辨认中大脑两半球的功能特点》，载《心理学报》1989年第2期。

化，其逻辑思维发达。

在拼音文字中，拼音首先要知道语音的要素，并创造出与之相对应的语音符号。这就需要对语言具有较高的分析、概括的抽象能力；拼音文字是以音素作为语音的原子，从音素扩大为音节，再从音节扩大为语素，由此形成了局部到整体的语言系统。因为声音不同于图画，不能够形象化，象声词除外，其词义本身与字形没有直接的意义联系。拼音文字出于清晰表达意思的需要，形成一套抽象概念，通过观念思维以达到理论的形成。因此，对某一概念意义的界定，从定义到推理就成为了必要，这促进了使用拼音文字的人们理性思维的发展。

与汉语属于同一语系的藏语，由于使用拼音文字，其逻辑思维要比汉文化发达。“在梵文的影响下，图弥三菩扎（松赞干布的大臣）把藏语进行了系统化，并在某种程度上使之较有逻辑特征”。“虽然不是所有的藏族人可以具有逻辑思维的特点，但是，他们之中的知识分子是以缜密的逻辑进行思维和写作的，这一点是很清楚的”。①日本人由于使用汉字，其逻辑意识和中国一样没有得到充分的发展。②

4. 形象思维的特点

中国人的形象思维较为发达，这就包含着对于直观经验的重视，而其在理论上往往停留在经验论。人们广泛运用形象类比的方法，通过物体的形象表达思想，得到思想后可以忘掉形象，超越经验而获得直觉的体悟。但是，直觉体悟难以言传，若是言传，则又会回到经验论的体系中。经验论习惯以旧的经验类比和理解新事物为基础，把它纳入原有的知识系统中。这种思维方式要求学会触类旁通、举一反三的类比和联想。

在辩证唯物论看来，认识的一般过程，是由感觉、知觉、表象的感性阶段上升到概念、判断、推理的理性阶段。而中国人在认识论中往往以表象代替概念，进行类比推理。类比推理强调相似性、相关性。只要相似或相关，至于相关是不是偶然的、非本质的，类比推理则不是必须成立的。人们有时还会通过一些风马牛不相及的东西所表现出来的相似性、相关性，发掘其中隐蔽的深刻规律。但若把类比推理作为思维的基本方法，就有可能得出牵强

① Nakamura，Hajime. *Ways of Thinking of Eastern Peoples*. Translated by Philip Wieners. Honolulu，1964，pp. 337，342.

② ［日］中村元：《中国人之思维方法》，徐复观译，台湾学生书局 1991 年版，第 161 页。

附会、似是而非的结论。

形象思维有其长处，思维科学和教育科学的一个重要结论是，任何知识及其教学利用形象思维予以说明，就容易被人们理解、学习和掌握。但如果抽象思维不足，人们就容易停留在经验阶段，对问题缺乏系统和理论的阐述。直觉思维的长处，是以经验为参照，从总体上把握对象，有时能体验出逻辑思维所不能揭示的意境。它的缺点是不够严密，对对象的认识模糊不清。

（二）中国人偏好综合思维，英美人偏好分析思维

1. 综合思维和分析思维的关系

综合思维（Synthesis）是指在思想上将对象的各个部分联合为整体，将它的各种属性、方面、联系等结合起来。

分析思维（Analysis）是指在思想上将一个完整的对象分解为各个组成部分，或者将它的各种属性、方面、联系等区分开来。

分析和综合是相互对立又统一的。如果人们不能在思想上将一个客体加以分解，就无法把握其本质，而只能停留在事物的表面。同样，如果人们不能将客体的各个部分结合起来，就无法在整体上把握一个事物，而只能有片面的认识，因而分析和综合在思维活动中是互相联系发挥作用的。

在这对思维的基本智力操作中，中国人偏好综合，导致了思维上的整体（Holistic）优先，而英美人偏好分析，导致了思维上的部分（Partial）优先特点。

2. 差异的表现

从中国文化的三大国粹——中医、京剧和国画的特点中，我们都可以看到上述中国人偏好综合、西方人偏好分析的差异表现。

传统的中医学理论就是典型例证，它认为，人体是各部分器官有机联系起来的一个整体，并用“阴阳五行学说”来说明五脏之间的相互依存、相互制约的关系，这就是一种综合思维。中医的这套理论和西医根据人体九大系统的生理结构来解释病理现象有很大不同。从观念上来看，中医是综合思维的产物，西医是分析思维的结果。

京剧也反映出上述思维特点。京剧是中国戏剧艺术的结晶和典型，从其表演特征上来看，它是一种综合化的表演。京剧讲究唱、念、做、打，其中，唱就是歌唱；念白多是诗、赋类的语句朗诵；做是一种“文”舞，在京剧中无动不舞；打则是一种“武”舞，一种舞蹈化的武术。唱、念、做、打实际上是四种艺术的综合，所以，京剧艺术在西方艺术里，可被分解为歌

剧、舞剧、话剧，而武术是中国的特产，西方没有，故也没有相应独立的艺术表现形式。在西方艺术中，歌剧是歌者不舞；舞剧是舞者不歌；话剧的表演者是不歌不舞，西方没有类似中国京剧这样的综合性剧种。当代中国的歌剧、舞剧和话剧都是“五四”时期从西方传入的，芭蕾舞是最晚引进的。本来，西方芭蕾舞只舞不歌，《吉赛尔》、《天鹅湖》等都是如此，但这种艺术形式引入中国不久，在20世纪60年代就开口唱歌了，中国的现代芭蕾舞剧《白毛女》、《红色娘子军》都是如此。这种改变不是偶然的，是中国人审美情趣中综合思维的特点使然。

中国画是中国绘画艺术的精华，在中国画的画卷中，不仅有图画，而且常配有诗词、书法、篆刻等多种内容，这也是中国人综合思维习惯的一种流露。而西洋画中，绝无诗词、书法、篆刻，最多只在画中签上作者的名字。

中国人的日常生活也常能流露出这种综合思维的特点。比如，中国人开会、办事讲求综合方法，什么事都干，往往职责不清一勺烩；西方人开会则一事一议，工作分配什么就干什么，职责分明。中国人谈问题常从宏观、全局上讲开来；而美国人谈问题常从具体细节开始。

中国人思维上整体优先、从整体到部分的思维方式，反映在中国人表达时间和空间的方式上，也是从整体到部分。比如讲时间，中国人的顺序是年→月→日→时→分→秒；而英美人特别英国人恰恰相反，是分→时→日→月→年。在社会关系的属性上，即从姓与名的排列顺序上，中国是先姓、后辈、再名，遵循的也是从整体→部分→个体的顺序；而欧美人（匈牙利人除外）则是名、父名、姓氏，遵循的是个体→部分→整体的顺序。汉语某些双音词的组合顺序是从大到小，如国家、大小、多少、长短、宽窄、高矮、年月、分秒等。中国学生写论文爱挑大题目，欧美学生写的论文题目一般比较具体，这也是两种文化思维特点的一种反映。

在绘画技法上，也能反映出中国人从整体到部分的特点。中国东汉以前的绘画方法是线条法，即先用线条勾勒出整体轮廓，然后再填色彩，由整体到部分，这种画法发展成了景泰蓝的制作——铜胎掐丝珐琅。西方的传统绘画技法是晕染法，即用色块堆积起来，形成一个完整的形象。与西方晕染法相关的艺术之一是马赛克（Mosaic），即一种表面拼花的艺术，是用类似于绘画中色块的各种颜色的小块材料，如石块、矿石、玻璃等紧密地拼成各种图案。

3. 差异的原因

汉字与综合思维关系密切，汉字是单音节的象形文字，没有词形变化，这就为综合思维优先的思维方式提供了沃土。在汉语的一句话中，要正确领会其意思，要从整体结构上去看，而不是把目光集中在个别词汇上。尽管任何语言都要从整个句子上去看其含义，但这在汉语里尤为明显。比如：汉语中的“他告诉我”，“我告诉他”，“告诉我、他”，“我”与“他”，这三句话中字形本身没有变化，但必须从整体上看，才能准确理解其含义。而在英语中，同样意思的同一形式的单词“我（me）”和“他（he）”，不论位置怎样摆放，如“He said to me”、“To me he said”和“Said he to me”，虽然不全部符合语法，但其含义基本能够猜出。

中国古汉语著作中没有类似今天所使用的标点，故历来认为学会断句是读书的基本要求。在阅读文章时，只有对整个文章理解之后，才能准确断句。应该说，这是综合思维的一种表现，但从另一个方面说，它又促进了中国人综合思维的偏好。

汉字是意符、音符和记号的三维文字，而印欧语系的文字是一维的表音文字。霍尔在对比了世界各种书面语言之后，把不同语言分成高度依靠上下文关系（High Context）的语言和低度依靠上下文关系（Low Context）的语言。他认为，汉语是上下文制约程度最高的语言，一句话的意思要靠上下文的意思才能确定。而英语是上下文制约程度最低的语言，即大多数信息被包含于明确的诸如字词这样的代码内。

4. 两种思维方式的利弊

综合思维方式强调对自然界、人类社会的整体性、统一性的认识，即整体概念、普遍联系。当进行综合思维和整体思维时，先整体后局部，注意了整体，而使得局部容易被忽视，变得模糊，形成一种笼统模糊的思维特点。

中国思维虽然较少片面性，但其全面性是建立在模糊直观的基础上的，只见森林而使树木模糊；但西方传统思维方式则恰恰相反，它注重分析而疏于综合，只见树木不见森林。

（三）中国人注重“统一”，英美人注重“对立”

1. 差异的表现

中国古典哲学的辩证法与西方哲学辩证法有相通之处。但二者之间也有不同之处，中国比较强调对立面的和谐与相互渗透，即对立中的统一；西方文化比较强调对立面的斗争与转化，即统一中的对立。在价值观中的个人与社会的关系上，古代中国尽管实行私有制，却依然强调集体主义，以维护整体利益的价值取向，与英美等西方国家强调个人迥然有别。这些都构成了民族整体思维趋向和共同心理。

西方人特别是美国人，思维方式中有把一切事物分为两个相对立方面（Dichotomy）的倾向，如工作—娱乐，好—坏，和平—战争，对—错，成功—失败，人—自然，原因—结果，往往分得很清。

中国人由于思维方式倾向于统一，对主客观不像西方人那样截然分开，因而中国人的文章被西方人看来是概念不清。

以上思维方式对民族心理和性格有深刻的影响。在为人处世上，中国人不拘泥于那种“要么肯定，要么否定”的伦理方式，而信奉儒家的中庸之道，一般不赞成走极端，但一定要适可而止，恰如其分。同时，中庸的观念也包含着某些不良因素，如“模棱两可”、“反对冒尖”。

2. 差异的原因

形成中国人偏重“统一”，西方人偏重“对立”的原因是多方面的，汉字是其重要原因之一。中国形象语言所表达出的主观与客观、主体和客体关系密切，难以分开。如，古汉字⊙（日）与○（太阳），主客观是“统一”的。而英语中主体和客体之间的关系距离比较大。如，英文的太阳“sun”与太阳的形象“○”相去甚远，这样西方人对主观与客观进行了比较清晰的划分。

在句法中，英语明确区分主语和谓语，句子中必须有主谓。而在汉语句子里，有时既不需要主语，也不需要谓语。“下雨了”，“几点了”，“九点了”，就都是没有主语的句子；“山高路远”和“天高云淡”又都是没有谓语的句子。在这些句子中不需要使用动词“是”，实际上动词“是”在古汉语中并不存在，但在英语中这个动词必须有。汉语中，主语谓语可以省去，使人感觉“天与人融为一体”，由于没有主谓语的固定模式，促使中国哲学中的本体概念也不发达。

三、思维方式对涉外交流的影响

（一）思维方式的差异是涉外交流的障碍

在涉外交流中，很多人倾向于认为对方也用与自己同样的方式进行思维。正是这种错误的认识，往往使得涉外交流难以顺利进行。由一种思维方式组织起来的一套语言信息发出后，接收者以另一种思维方式去破译或者重新组织，就有可能会产生歧义或误解。一席讲话或一篇文章，在甲种文化中的人看来是符合逻辑的，在乙种文化中的人看来就不那么符合逻辑；用甲种文化的思维方式看来是思路清晰、很好理解的，用乙种文化的思维方式看来就可能显得思路混乱、比较费解；在甲种文化看来是有说服力的，在乙种文化看来可能就不那么有说服力了。比如，阿拉伯的平行式写作方式在现代英国人读来，就显得陈旧和粗俗。而且更重要的是这成为相互间进行清晰明确交流的障碍。在英语中，文体的成熟是以从属的程度而不是并列的程度来衡量的。日本学者也许会写道："我们常常听到美国人抱怨说，日本人讲话含糊不清和没有传统的逻辑，这使得美国人感到糊涂和懊丧。另一方面，日本人发现一般的美国人都是大嗓门，都咄咄逼人。而这些来自双方的抱怨绝大多数是由于不同的思维方式，以及修辞方式和潜在的价值观的不同而引起的。"

这种情况有点类似于向计算机输入同一信息，但由于程序不同，得到的结果也不一样。例如，在键盘上键入"GONG"，当计算机运行的是英文文字处理系统时，显示器上显示的就是"GONG"；当计算机运行的是汉字拼音码的文字处理系统时，显示器上显示的是"工"，因为两者的程序不同。这里提及的程序就像是人的思维方式。

（二）思维方式对信息编排的影响

在涉外交流中，思维方式对信息编排有较大的影响。

（1）思维方式影响说话和行文的遣词造句。中国人习惯于形象思维，在文章中，为了使文章鲜明、生动，多用比喻，辞藻华丽，在遣词造句上，特别喜欢用形象的词汇。对于外国读者，由于感情基础的差异、阅读习惯的不同，华丽辞藻一般只能降低传播的清晰度和效果，甚至被视为空话冗词和夸大宣传。尤其是英语读者，更习惯于低调陈述，而不是用词夸张强烈。可见，浓墨重彩的遣词造句在中国是可以的，但在英语中却有可能是滑稽可笑的。

（2）思维方式影响到人们说话写文的谋篇布局，影响人们说服人的方法、讲话和写文章的结构形式。

文章的文体可分为多种类型。无论什么文体的文章，由于中国人有整体思维的倾向，都习惯于写得有头有尾，来龙去脉交代清楚，起承转合不可颠倒，注重结构的完整性。在文学作品中，人物描写也以"沉鱼落雁之容、闭月羞花之貌"的整体刻画为特色。西方的文学作品则可以由任一局部开始，整体时空感不强，倒叙、跳跃、意识流、片段较多。人物描写是以从头到脚，直至睫毛颤动等细节刻画为特色。因此，由中国人的思维方式所形成的一些文章写法就不一定适用于另一文化的读者。

有人曾对在美国加利福尼亚的中国留学生英语作文进行过一次抽样调

查。结果表明，中国学生在语法结构和用词上没什么大问题，但在美国人看来却有不少小毛病，并一致指出其两大共同缺点是“重点不突出”和“连接性差”。这里的主要原因在于中国与美国人在写作中的谋篇布局的习惯差异，也就是思维方式的差异。

（3）中英文在记叙文中思维方式方面存在差异。记叙文，以英语为母语的读者所期待的是一种以直线式展开占主导地位的思维过程。中国的记叙性文章有一种被称为“曲径通幽”的技巧。这种“曲径通幽”的技巧，正好与卡普兰把中国人的文章体现出的思维方式称为涡轮线式不谋而合，英美读者对于中国人涡轮线式的写作方法觉得别扭，认为它是一种多余的拐弯抹角。“曲径通幽”很容易使人联想起中国园林，中国古典园林的造园技术就讲究曲折迂回，与西方几何直线式的花园迥然不同。中国的写作技巧和中国的园林从不同角度说明了含蓄委婉是中国人的思维持点。中国人喜欢曲折的中国花园，西方人喜欢直线条的西方花园，东、西方对文章形式的偏好亦是如此。

（4）中英文在议论文中思维方式方面存在差异。在古代，中英文在议论文中思维方式的差异是很明显的。对比荀况的《劝学》和培根的《论求知》，我们就可以看出中英在议论文中的某些主要差异。

劝　学

君子曰：学不可以已。青，取之于蓝，而青于蓝；冰，水为之，而寒于水。木直中绳，輮以为轮，其曲中规。虽有槁暴，不复挺者，輮使之然也。故木受绳则直，金就砺则利，君子博学而日参省乎已，则知明而行无过矣。

吾尝终日而思矣，不如须臾之所学也；吾尝跂而望矣，不如登高之博见也。登高而招，臂非加长也，而见者远；顺风而呼，声非加疾也，而闻者彰。假舆马者，非利足也，而至千里；假舟楫者，非能水也，而绝江河。君子生非异也，善假于物也。

积土成山，风雨兴焉；积水成渊，蛟龙生焉；积善成德，而神明自得，圣心备焉。故不积跬步，无以至千里，不积小流，无以成江海。骐骥一跃，不能十步；驽马十驾，功在不舍。锲而舍之，朽木不折；锲而不舍，金石可镂。蚓无爪牙之利，筋骨之强，上食埃土，下饮黄泉，用心一也。蟹六跪而二螯，非蛇鳝之穴无可寄托者，用心躁也。

OF STUDIES

Studies serve for delight, for ornament, and for ability. Their chief use for delight, is in privateness and retiring; for ornament, is in discourses; and for ability, is in the judgement and disposition of business. For expert men can execute, and perhaps judge of particulars, one by one; but the general counsels, and the plots and marshalling of affairs, come best from those that are learned. To spend too much time in studies, is sloth; to use them too much for ornament, is affectation; to make judgement only by their rules is the humour of a scholar. They perfect nature, and are perfected by experience: for natural abilities are like natural plants, that need pruning by study; and studies themselves do give forth directions too much at large, except they be bounded in by experience. Crafty men contemn studies, simple men admire them, and wise men use them; for they teach not their own use; but that is a wisdom without them, and above them, won by observation. Read not to contradict and confute; nor to believe and take for granted; nor to find talk and discourse; but to weigh and consider. Some books are to be tasted, others to be swallowed, and some few to be chewed and digested; that is, some books are to be read only in parts; others to be read, but not curiously; and some few to be read wholly, and with diligence and attention. Some books also may be read by deputy, and extracts made of them by others; but that would be only in the less important arguments, and the meaner sort of books; else distilled books are like common distilled waters, flashy things. Reading makes a full man; conference a ready man and writing an exact man. And therefore, if a man write little, he had need have a great memory; if he confer little, he had need have a present wit, and if he read little, he had need have much cunning, to seem to know that he doth not. Histories make men wise; poets, witty; the mathematics, subtile; natural philosophy, deep; moral, grave; logic and rhetoric, able to contend: Abeunt studia in mores. Nay, there is no stond nor impediment in the wit, but may be wrought out by fit studies: like as diseases of the body may have appropriate exercises. Bowling is good for the stone and reins; shooting for the lungs and breast; gentle walking for the stomach; riding for the head; and the like. So if a man's wit be wandering, let him study the mathematics; for in demonstrations, if his wit be called away never so little, he must begin again. If his wit be not apt to distinguish or find differences, let him study the schoolmen; for they are cymini sectores. If he be not apt to beat over matters, and to call up one thing to prove and illustrate another, let him study the lawyers' cases. So every defect of the mind may have a special receipt.

这两篇文章都是论述学习的目的、意义和学习应该持有的态度，但却表现出思维方式上的明显差异：

（1）《劝学》多用比喻论证和正反对比论证，《论求知》多用逻辑论证。

《劝学》体现的是“取象类比”，行文中多用比喻，以喻代议，寓议于喻，以形象的比喻说明道理，3段中用了20个比喻，充分体现了中国形象思维发达对议论文的影响。

《论求知》体现的是冷静地逻辑论证。全文以平实、质朴的语言，冷静的逻辑论证，层次分明的结构来阐述求知问题。此外，《论求知》中比喻的数量远比《劝学》少得多，全文只有4个，而且也没有正反对比的论证方法。

如果说《劝学》像一幅中国传统的水墨写意画，洋洋洒洒，围绕主题，发挥了泼墨渲染特色的话；培根的文章则像是西方古典绘画，用一种严谨的几何透视、清晰的线条、分明的层次，准确地刻画对象，展现出另一种风格。

（2）对引经据典的态度不同。

《劝学》在论证中3次引用了《诗经》，2次引用了孔子的语录，还引用了《周礼》中伯牙鼓琴的典故，这体现出中国议论文的另一特征：喜欢引经据典，用圣贤的话做证据，用先王的事做榜样。

培根的《论求知》中没有一处引用他人的话，因为文艺复兴之后的西方议论文，以圣贤的话作为论据就不那么时兴了。当然，在议论文中也引证《圣经》和名人语录，但远不像在中国议论文中那么比比皆是。可见，在英美文化中，特别是美国文化中，出于对个性的追求，对权威的崇拜比中国淡漠，因此，在写作中喜欢用自己的语言，独立思维，注重创造，避免陈词滥调、老生常谈。

(3) 文章布局不同。

《劝学》体现的是曲折含蓄的风格，在一些铺垫之后，其理不言自明，表现出涡轮线式的思维方式；而《论求知》则是直导主题，然后层层深入、层层剖析，表现出直线式的思维方式。在喜欢含蓄的中国人看来，过于平白的文章是没有读头的；而喜欢层次分明、逻辑论证方法的英美人来说，当遇到迂回曲折的中国议论文时，常有“坠入云里雾中”之感。

现代议论文中思维方式的差异仍然存在，但随着中西方文化的相互影响，其差异正在不断缩小。中国议论文的论证方法在今天依然是常见常用的，而且大多与中国人的思维特点有关：

其一是“两扇开阖法”，即正反排比，对照成文，这实际上是以“对比”的手段进行构思、布局，使“论证”鲜明而有力的一种方法，如毛泽东的《改造我们的学习》一文就是十分典型的例子，尤其是第三节，一开始就说：“为了反复地说明这个意思，我想将两种互相对立的态度对照地讲一下。”接着就分别说了“主观主义的态度”和“马克思列宁主义的态度”的具体对立。

其二是“设靶论战法”，即把已有的或可能的错误观点及论调列举出来作为自己的靶子，予以反驳。如毛泽东的《论人民民主专政》一文就是采取的这种论证技巧。

上面的这两种方法与中国人对比思维特点有联系。

其三是“古今中外法”，这是由古代“文论”中“援古证今法”发展而来，即从历史典故和历史事实中洞见现实，进行类推，从经验中引出规律。从李斯的名著《谏逐客书》到毛泽东的《论帝国主义和一切反动派都是纸老虎》都采用了这种技法，这与中国有4000年文字可考的绵延不断的历史和中华民族是世界上最喜欢历史的民族有关。

其四是“互喻互用法”，即在议论文中的篇章构思上，常常用比喻。巧比妙喻是增强说理的“形象”色彩，使抽象道理化为具象感知的重要手段。从《邹忌讽齐王纳谏》到毛泽东的《愚公移山》都是如此。

以上两种方法与中国人喜欢用类推、明喻和暗喻的思维特点有联系。

其五是“举纲张目法”，纲就是主题，是全文的基本论点；目就是分论点，是围绕主题、阐释主题的各层文字的核心意旨。这种方法似乎与前面所谈到的中国人的从整体到局部的思维方式有关系。①

以上关于中国议论文的写作技巧不一定都适应于英美读者，比如其中的“古今中外法”和“互喻互用法”就带有较浓的相关思维倾向，这在英美人看来逻辑性就不那么强。那英美国家如何在教科书里教学生们议论文的技巧呢？美国语言学家理查德·科（Richard M. Coe）在《过程·形式·材料》一书中介绍，英语说服性（persuasion）文章的谋篇布局有两种：

1. 古典式的章法

根据亚里士多德的理论，有三种方法对读者极具说服力，能使其同意作者观点：伦理道德的吸引力（ethical appeal）、感情的吸引力（emotional appeal）、逻辑上的吸引力（logical appeal）。下面是其文章标准的段落结构，虽然该结构只是作为一种准则而不是一个僵硬的公式，但它仍然是构架演说和文章的一种非常有效的方法：

（1）引言（introduction）。在引言里，讲演者或作者与受众建立联系，指出自己所要谈的题目，然后尽量使听众或读者对自己所要说的内容抱有好感，这是伦理道德吸引力发挥作用的地方。

（2）记叙与说明（narration and explication）。在这里摆出事实，关键的名词和问题要加以限定。如果是法律上的案例，那么这可能包括记叙事情的经过，使法官和陪审团对它进行评价；如果是葬礼上的演说，那它就意味着讲述死者生前的历史；如果是政治方面的演说或文章，那就要描述当前的形势。亚里士多德很明确地指出，这里通常不是一种“公正的”事实陈述，他认为这里是伦理道德吸引力和感情吸引力发挥作用的地方。

（3）主张和分述（proposition and partition）。在这部分里，讲演者或作者明确论述自己的主要观点或论题，然后是为受众有顺序地提供不同的证据，对主张的若干部分的分别论述。

（4）证明（proofs）。在这部分里，讲演者或作者力图进一步证实自己的主张，他提出支持自己主要论题的论点，证明被告人不可能犯那个罪行；表明死者度过了不平凡的一生；为一个行动的特定方针进行辩护，这通常是演说或文章的主体。

（5）驳斥（refutation）。对对立的观点进行批驳，并展示这些观点的缺

---

① 刘锡庆：《基础写作学》（下编），中央广播电视大学出版社 1985 年版，第 163 ~170 页。

陷。比如，指出起诉案中的起诉是故意找茬；抨击那些散布死者虚假的流言蜚语的恶人；表明其他人提出的可供选择的政策的弊端。

（6）离题的话（digression）。一些古典章法中的某些不同意见可以允许讲演者或作者说些不十分切题的事，这通常是在作出结论之前。

（7）结论（conclusion）。这是证明和驳斥部分的总结，也可以是伦理道德吸引力和特别是感情吸引力的反复，它强调讲演者或作者想要受众记住的内容，同时也想要激发受众。

2. 罗杰斯式的章法

这种章法是美国心理学家罗杰斯（Carl Rogers）所推崇的一种说服模式，它特别适用于棘手和敏感的论题，或适用于对付怀有敌意的读者，其文章段落结构如下：

（1）引言（introduction）。

（2）对作者所反对的观点进行平心静气的陈述（fair statement of the opposing position）。

（3）陈述所反对的观点在某种场合下可能是合理的（statement of contexts in which that position may be valid）。

（4）对自己的观点进行平心静气的陈述（fair statement of your own position）。

（5）陈述自己的观点在何种环境中是正确的（statement of contexts in which your position is valid）。

（6）陈述读者在接受你的观点后，至少能如何受益（statement of how readers would benefit by at least moving toward your position）。①

从上面中国人和英美人在议论文写作技巧上的对比，我们可看到两者的不同。如果对此不加注意，在涉外交流中的说理效果就会大打折扣。

曾有位美国教师说，我们所见到的说服性的中文文章，主要依赖的是历史、传统或权威人士的言论魅力，而不是主要依赖逻辑的力量，从前提到结论进行争论。“我学生的说服性文章中的绝大多数，如同中国英语报刊《中国日报》（*China Daily*）中的论述文章（arguments）一样，在文章中提供的是自己的主张而不是证据，而且提供这些主张是依据一种标准的模式：以描

① Coe, Richard M.. *Process*, *Form*, *Substance*: *A Rhetoric for Advanced Writers*. Prence Hall, New Jersey, 1990.

述一个特定的事件开始，接着是回顾一下该问题或事情，经常是不幸的历史，然后是解释对当时状况改进的情况，最后是一个道德性的劝导和告诫。”①从形式上来看，西方的议论文作者像是追寻真理的战士；而东方的议论文作者则像真理的宣传员。

从以上分析中可见，不同文化由于思维方式的差异，在文章的遣词造句，组织结构上是有差别的。涉外交流要使信息接收者对接收到的信息感到满意，不仅关系到信息发送者所用的材料，还应注意用对方乐于接受的思维方式去组织。

（三）应当说明的问题

1. 只是强弱问题，不是有无问题

以上我们所说的中国人和英美人在思维方式上的差异，只是相对的。在形象思维上，中国人处于较强的状况，英美人则处于较弱的状况；在抽象逻辑上，西方处于较强的状况，中国则处于较弱的状况。强弱是相对的概念，并不是有无的问题。因此，中国人的思维和英美人的思维并非水火不相容，而是一开始就有共同的东西。比如，在春秋战国时期，诸子百家中的墨子就有关于形式逻辑的一些初步论述；而在西方论述中也用比喻，也用历史典故。

2. 彼此在相互渗透，取长补短

一个文化群体的思维方式也是发展变化的，文化交流就是其中原因之一。自明末清初以来，特别是近现代随着与西方文化交往的增多，中西思维方式在相互影响，彼此渗透。按照英国的中国科技史专家李约瑟博士的看法，1640 年是中西方数学、天文学、物理学的融合点，1880 年是中西方植物学的融合点。②当前我国的学校教育，初中课程中就有几何、物理、化学、英语、生物等课程，它们基本上是依据西方思维方式编成的。平面几何就是典型的西方思维方式的体现，从点、线、面的概念和一些公理为出发点，完全是按照严格的逻辑程序进行判断和推理而形成一系列的定理和公式。到了高中、大学还要进行马克思主义辩证唯物主义的系统教育，这些都能帮助学

① Matalene, Carolyn. *Contrastive Rhetoric*: *An American Writing Teacher in China. College English*, 1985, 47 (8), p. 790.

② ［英］李约瑟：《李约瑟文集》，辽宁科学技术出版社 1986 年版，第 212~213 页。

生克服自己思维方式中逻辑分析思维的不足。

同样，西方国家的学者们，特别是美国学者也认识到了自己综合思维不足的缺陷。阿尔温·托夫勒在《第三次浪潮》中说："第二次浪潮文明特别着重提高我们把问题分解成各个部分的能力，而对把各个部分重新综合的能力却很少给予鼓励。多数人从受教育时起就善于分析，而不善于综合。这就是为什么我们对未来的设想（包括对自己在内）是这样的支离破碎和杂乱无章。……今天我相信我们已处在一个新的综合时代的边缘。在所有的知识领域里，从严谨的自然科学到社会心理学以及经济学——特别是经济学，我们将看到广泛思考和全面理论的恢复，看到重新将各个部分再度综合起来。"①

3. 一种文化内部思维方式的多样性

即使在同一亚文化群体的内部，人们的思维特点也有差异。比如，同一所大学的文科学生的思维方式与理工科的学生就有差异，理科与工科学生的思维方式也有差异，前者考虑问题时常是为什么，后者考虑问题时常是怎么做。英国作家斯诺（C. P. Snow）说，在人文科学家和自然科学家之间进行讨论是困难的，因为这两类人之间思维方式的差别可能比生活在大洋两边的人的区别还要大。

4. 同一个人的思维方式也在发生变化

当我们在大学里学习不同科目时，也要变换不同的思维模式。一个人在上文学课、政治学课、历史学课时可能要变换不同的思维模式，而在自由讨论时，就可能结合上面种种方式进行思维，这种机动性在学术上是难以说清的问题。

5. 思维方式影响到一种文化的方方面面

正如季羡林先生所说："一个民族典型的思维方式，是一切精神文明（甚至一些物质文明）生产的基础，它必然表现在各个方面。"②使用拼音文字的文化，如印度文化、希伯来文化、阿拉伯文化、罗马文化，其宗教系统都比较发达，而中国文化的宗教不如上述各文化发达，儒家思想中有较强的无神论倾向。形成这种状况的原因很多，而思维方式的特点应是原因之一。再如，汉语中的成语是人们认识凝定于语言的结晶，同思维密切相关，具有

① 阿尔温·托夫勒著，朱志焱译：《第三次浪潮》，生活·读书·新知三联书店1984年版，第198页。

② 季羡林：《再论东方文化》，载《群言》1991年第5期。

隐喻的特征。汉语成语的表意方法，渗透着形象思维，以及联想思维和对比思维的特点。常用的有：（1）经由引申途径，使空泛概念实际化，如“赤子之心”、“明火执杖”。（2）通过寄托方式，使精微哲理浅显化，如“揠苗助长”、“守株待兔”。（3）采取修辞方法，使抽象意义具体化，如“唇齿相依”、“千钧一发”。这些方法体现了形象思维的特点。①

第四节　定型规范

一、定型观念

定型观念（stereotype）是一种思维认知方式，是我们对所经历的事情进行归纳的一种复杂的形式，在进行人与人之间交流的过程中，会指导影响我们的行为。

（一）定型观念的概念及成因

1. 定型观念的概念

1922 年，沃尔特李普曼（Walter Lippmann）在他写的《舆论》（*Public Opinion*）一书中首先把“定型观念”一词引入社会学的研究领域中。他指出，定型观念是一种组织我们对整个人群印象的方式，它是我们对整个人群形成一种固定的、简单的印象。因此可以说，定型观念是一种过于简单的看法。定型观念可以分为内定型和外定型：一个群体对自己的定型观念为内定型，对其他群体的定型观念为外定型。大多数情况下，定型观念一般指的是外定型。

定型观念和偏见、歧视有联系也有区别。定型观念中有符合事实的部分，也有不符合事实的部分，而不符合事实的定型观念就是偏见。歧视是偏见的行为倾向，对一个群体、一种文化、一个民族、一个种族消极性偏见的行为倾向就是群体歧视、文化歧视、民族歧视、种族歧视。定型观念和偏见是相当普遍的社会现象，它有以下特点：

（1）过分简单化。为了节省时间，人们便发展出一种简化的认知方法，就是将具有相同特征的一群人，如老人、妇女、穷人或任何民族、种族，塑造出一定的形象，即我们所说的定型观念。凡是属于这个群体内的成员，就

① 向光忠：《成语的逻辑构造与逻辑性能》，见《语言文字学术论文集》，知识出版社 1989 年版，第 561～574 页。

把他纳入预先规定好的“原型”当中。定型观念就如同我们头脑中的“框框”，影响人们对人对事的观念，也影响人们在社会上的角色和地位。

（2）不加鉴别地判断。人们常以过去的经验判断人和事，不想以事物的特殊个性来推翻我们过去的经验，否则我们每遇到一件具体事物都必须从头学起。人们把已经学到的东西硬套在各种事物上，让心理的自我保护机能作祟。

（3）以偏概全。复杂事物经过定型观念的过滤以后，各安其位。不过，其弊端是判断事物主观且不全面，容易导致偏见的产生。

（4）有影响力。定型观念具有说服力或感染力，会影响他人采取定型观念看待问题。

（5）具有顽固性。定型观念一旦形成，就不容易被改变。

（6）具有可变性。定型观念会因新的信息、新的发展而改变。个人的需要、动机、利益改变时，它也会随之改变。与对方交流的情况变化，它也会变。重大事件，特别是战争之后，定型观念常常会有明显的改变。例如，美国人对日本人的定型看法在 1940 年是“聪明的、勤劳的和进步的”，到 1950 年变成了“抄袭的、极端民族主义的”等消极的定型观念。

2. 定型观念的形成

定型观念是怎样形成的呢？社会学者认为，首先，它是社会化的结果，即来源于社会传统和规范。不同文化群体、不同民族、不同种族的社会文化、风俗习惯、生活方式、生产水平的差异通常是定型观念和偏见的根源。

其次，人们通过大众传播媒介学到定型观念。例如，某些美国人对中国人的定型观念是消极的、丑化的，这与美国的大众传播媒介有密切关系。

改革开放以来，中国人从西方电影电视上也常常得到美国人都很富有的印象。许多人亲身到了美国之后才发现，自己的上述定型观念和美国的实际生活有较大差距。美国同样也有许多无家可归的人，就算是一般的中产阶级生活也很节俭，并不像影视中的人物那样过着豪华的生活。一些没有在美国长期生活的人，可能还会长期抱有原来的定型观念。

与此同时，个人的经验也会发展成为定型观念。人们通过与不同人种、民族，不同文化群体的个别成员的交往，常常对该群体的其他成员概括出其共同特征。一旦形成定型印象，人们就在与该群体的其他成员进行交往时，下意识去寻找这些特征，并通过选择性的感知去发现那些特征，从而加强和巩固已有的定型观念。

（二）定型观念对涉外交流的影响

定型观念虽然有利于加速信息的加工过程，但它往往会导致过分简单化、偏见和歧视，如性别偏见、年龄偏见、民族或种族偏见。决定定型观念影响大小的因素，一是信息量，二是成员属性的突出性。我们关于某人的信息量越少，就越可能按照定型观念对其行为作出反应，定型观念发挥的影响就越大。比起同文化交流，涉外交流中的交流者所知对方的信息量更少，因而定型观念在认知过程中的影响要大于同文化交流中的情形。

定型观念和偏见在涉外交流中的影响表现在：

1. 阻止涉外交流的发生

如果人们对某一个文化群体有着非常强烈的消极的定型观念，就不会愿意与该文化群体的成员展开交流。如果确实需要进行交流，也会把这种交流控制到最低限度。

2. 严重影响涉外交流的质量

定型观念和偏见影响个体各方面的心理活动和行为，它指导个体对一定事物的认知和理解，使个体作出选择性记忆，并去寻找支持自己定型观念和偏见的证据，使定型观念和偏见本身得到巩固。波特说过，“定型观念和种族偏见对我们的交流行为有消极作用。由于受到定型观念的影响，当我们遇到一个特殊情况时，必然以定型观念的方式去处理，又由于我们把该种族的特点推广到了每一个人身上……在交流时，我们花费在证明自己观念上的时间，远比花费在试图真正了解对方上的时间多得多”。感知的选择性和由定型观念和偏见所产生的解释常常导致歪曲和防范性行为的产生。防范性和表面性的交流减少了进一步交流的机会，从而导致定型观念和偏见的加深，并产生消极交流的恶性循环。

3. 构成歧视行为

如果定型观念和偏见非常强烈，就有可能会使人用主动的言语或行为公开对待他所讨厌的群体，从而构成歧视行为，导致对抗和公开的冲突。人种的、民族的和群体之间的言语歧视和差别待遇给涉外交流造成一种消极气氛，并会产生较持久的影响。

敌对群体之间的接触和交流，却常常有助于克服定型观念和偏见，但并非任何涉外接触和交流都会如此。利于减轻或消除定型观念是有条件的，包括：双方平等的地位、彼此独立自主、有利的社会氛围、非表面而友好的接触等。具备这些条件也并不能保证一定会减少或消除定型观念和偏见，还要看具体进行涉外交流者的能力。

二、社会规范

作为文化要素之一的社会规范，是指人们应该做什么、不应该做什么、可以做什么、不可以做什么的规则，这些规范构成了一种文化群体的特点。社会规范的具体形式主要有风俗习惯、道德规范、法律规范和宗教规范，它们是涉外交流中引起冲突和误会的重要因素。

（一）风俗习惯

风俗习惯是出现最早、流行最广的一种社会规范，是各族人民在长期的历史发展过程中相沿久积而形成的一种生活方式。它体现在饮食、服饰、节庆、居住、礼节、婚姻、丧葬等各个方面，是一种没有法律规定，因而也就不受法律约束的行为规范。它更多地体现出文化的民族性，而不是阶级性。风俗习惯一般都是传统的，长期存在的，它的作用是在没有外来压力的情况下实现的，主要通过模仿转化为人们的习惯行为。

因为时间久远，对有些风俗人们常常无法说出它们的起源。有的风俗，其古老的世界观、价值观的内涵都消失得无影无踪，只剩下其外壳作为传统流传下来。有的风俗，则和各文化群体的图腾崇拜、宗教信仰、历史、民间传说有关，并可以追溯其来源。

各民族对本族的风俗习惯有特殊感情，有的引以为豪，有的奉为神圣，不仅自己恪守不移，还不容外人亵渎。

因此，禁忌是风俗习惯最重要的内容之一，禁忌就是“犯忌讳的话或行为”。禁忌是涉外交流中最敏感的问题，也是涉外交流中最应该注意的方面，如不尊重就会刺激甚至伤害对方的感情。禁忌又可以细分为：

（1）不能做也不能说的。如旧中国的一些戏班子禁忌“伞”，因为“伞”和散伙的“散”谐音，所以戏班子里的人下雨天也不许带“伞”，平常言谈中更不许有“伞”字了。

（2）能说不能做的。禁忌的食品常常是不能吃，但可以说的。比如，犹太教徒对贝类和猪肉是绝对禁忌的，但在言谈中却是可以谈论它们的。

（3）在某些场合可以说，而在另一些场合不能说的。例如，医生在诊所里可以谈及屎尿的问题，而在宴会上则是禁谈这类问题的。

（4）在某些场合可以做，而在另一些场合不能做的。例如，在中东的阿拉伯国家，丈夫可以在家里亲吻妻子，却不能在大马路上有如此行为。

在涉外交流中，违犯禁忌是第一大忌。因此，了解有关禁忌并服从禁忌是有效进行涉外交流的重要条件之一。

俗语说，“十里不同音，百里不同俗”，指的是各地区风俗习惯差异很大。仅以我国的56个民族为例，其风俗习惯就有不少差别，注意这些差别对增强民族团结很有意义。比如，在饮食方面，信奉伊斯兰教的回族、塔吉克族等少数民族都忌食猪肉；满族、锡伯族、藏族、畲族、普米族、拉祜族等忌食狗肉；哈萨克族、柯尔克孜族不仅忌食猪肉、狗肉，还忌食驴肉、骡肉、自死的畜禽肉及动物的血，东乡族在此基础上还要加上忌食马肉；黎族的部分地区忌食猫肉；高山族忌食猿肉、山猫肉、穿山甲肉和并蒂果实；壮族有的地区青年妇女忌食牛肉和狗肉。在维吾尔族、哈萨克族、朝鲜族中，晚辈不能当着长辈的面吸烟、喝酒；朝鲜族的年轻人不能向老人借火，更不能接火；到蒙古族的家里作客，主人敬上的奶茶，客人通常是要喝的，不喝有失礼貌，主人请吃奶制品，客人不要拒绝，否则会伤主人的心；东乡族忌递烟敬酒。从以上例子可以想象，如果不了解这些，在饭桌上的热情好客或客气谦让都会带来消极后果。敏锐的观察能力和入乡随俗是涉外文流中的重要一环。

一般来讲，风俗习惯是社会规范中最容易适应的层次。交流双方了解了彼此风俗习惯的差异后，摩擦和冲突容易避免，心理上也比较容易适应。但风俗习惯是不成文的，且风俗习惯冲突的结果多是对交流者民族感情的伤害。

（二）道德规范

道德规范是比风俗习惯高一层的社会规范。人们对于那些与社会共同生活关系较为密切的事物和行为，给予是非、善恶、公正或偏私的评价，加以褒贬，从而形成道德标准。道德规范是一种内化了的行为准则，道德行为是自觉采取的，违反道德的行为是要受到社会舆论和良心谴责的。道德还具有一定的普遍性和连续性，在阶级社会中，既有全民族的道德，也有阶级的道德。

不同文化中有共同的道德，也有不同的道德。例如，偷盗在许多文化中都属于是不道德的。“第三者插足”在中国文化中是很不道德的，而在美国文化中看得并不那么重。中国文化中不赡养老人是不道德的，美国文化中的这种观念就很淡薄。在美国，父亲请儿子帮忙干活常常要付费，这在美国人看来是再正常不过的事，但在中国人看来则不成体统。

由于道德规范是比风俗习惯层次更高的社会规范，交流者在涉外交流过程中，对道德规范上的差异更难适应。而且道德规范多数也是不成文的，也容易引发摩擦或冲突，进而造成交流者心理上的不悦或痛苦。

（三）法律规范

法律规范是阶级社会特有的现象，是一种具有强制性的行为规范，它由国家制定或认可，并由国家机构保证实施。法律规范肯定了占统治地位的社会关系，体现了统治阶级的意志，但它是以全民的形式出现的，某些法律规范在不同程度上也反映出社会全体成员的共同愿望，所以，法律规范也有一定的民族性。不同的国家，指导法律规范的理论基础和体系是不一样的。我国的指导思想的理论基础是马克思列宁主义，各种法律文本都必须符合四项基本原则。在政教合一的伊斯兰国家，《古兰经》是制定各种规范的经典和准则。而在美国，其指导思想体现在《独立宣言》、《合众国宪法》、《权力法案》等历史文件中。这些指导制定国家法律规范的基本思想既有阶级性，又有民族性，其中有些基本原则彼此很难兼容，有些甚至是尖锐对立的。此外，各国法律法规建立健全程度不同，在一些发达国家，法律多如牛毛，在一些发展中国家，法律体系还很不健全，一些方面还无法可依，这也给涉外交流带来了困难。

法律规范涉及方方面面，每种文化都涉及诸如经济制度、政治制度、婚姻家庭制度、教育制度、医疗保障制度、宗教制度、法律制度等多种制度，每种文化的思维方式及价值观念都会在其制度中充分体现。文化多样化的一个重要方面就表现在这些制度是如何组织和运转的。由于主流文化中又有许多亚文化，各亚文化中又有许多自己的制度。因此，要把各个国家、各种文化的各类制度进行相互比较，是一个庞大而复杂的课题。这里只能对一些主要制度进行概要式的比较介绍，以说明不同文化中的各类制度的差异对涉外交流的影响。

1. 经济制度

不同文化有不同的经济制度。我国实行社会主义的市场经济，西方国家实行资本主义的市场经济，在一些发展中国家的某些落后地区还存在着自然经济，这给涉外交流带来了一定困难。

由于经济体制的不同，中国和西方国家在经济概念上往往难以相互理解。例如，我们国家大多数人知道什么是“全民所有”、“大集体”、“小集体”的经济形式。改革开放以来，中国经济发生了很大变化，出现了“个体户”、“专业户”、联产承包责任制等新的经济形式，可这些经济形式常令西方人迷惑不解。我国现在强调利润、物质利益、竞争和市场经济，使欧美人常误解为中国在“资本主义化”。

2. 政治制度

各个不同文化的国家和社会都用正式和非正式的组织形式对社会实施管理，但其国体和政体均有很大差异。国体上，有无产阶级专政的国家，有资产阶级专政的国家，也有封建专制的国家；政体上，有人民代表大会制、议会制、君主制、君主立宪制、共和制、联邦制等。各个国家的立法、司法、行政的组织形式也都有自己的特色，中国有些特有的政府机构或民间机构都是外国所没有的，如中国人民政治协商会议、基层的居民委员会。因此，在翻译时，必须详细说明，否则会让外国人难以理解。国际交往中，根据国际惯例，应对等交往，降格接待、破格接待都有弦外之音，涉外交流中搞不清楚对方级别，就有可能产生误解。许多西方人往往缺少对我国政治制度的基本常识，“人民代表大会”对他们而言是个陌生的名词，连个旅游饭店也要设有“党委”或“党支部”，他们更感到奇怪。除缺乏了解外，他们还往往带有偏见，因为他们的政治哲学和政治体制同我们差别太大了。当西方人接触中国社会时，文化冲突常常就在政治和意识形态上发生。中国接受共产党的领导，西方人则易于相信这就是“一党独裁”；中国舆论界在重大国内和国际问题上观点一致，西方人会视之为“缺少言论自由”；中国较少发生西方常见的罢工和游行事件，他们就得出结论说这是政府严格控制的结果。

“中国与西方之间意识形态的鸿沟极深，不易弥合。同西方人讨论这些问题时，教条主义态度会起反作用。实事求是的、历史辩证的态度则有助于消除误解。至于有些抱住‘文化优越感’的人，他们还会相信中国要想实现任何民主，就必然照搬西方样板。对这类人，最好的办法是说‘让我们同意各自保留意见吧’，让历史实践去检验。”①

政党制度是政治系统中的一个重要方面。而中国的政党制度与美国的政党制度有很大差别。中国共产党和美国的共和党、民主党在党的性质上不仅有本质上的区别，而且其组织形式差别也很大。中国共产党有基层支部，申请入党要支部大会讨论通过；而美国的共和党和民主党都没有基层支部，入党无需讨论通过，只要在市或州的选举时投哪个党的票就是哪个党的党员。中国共产党的制度常使一般的美国来访者迷惑不解，他们常表露出不愿意让我们的党委书记参加他们的交流活动。

在政治系统中，除对实际工作的领导外，另一种形式是意识形态的领

---

① 段连城：《怎样对外介绍中国》，中国对外翻译出版公司1993年版，第182~185页。

导。每种文化群体都有自己的精神或观点领袖，这些观点领袖在不同文化里采取了不同的表现形式。例如，在伊朗等政教合一的国家，其领导人就是这些宗教领袖，而在欧美一些西方国家，总统或市长、议员可能不一定是观点领袖，他们可能只是受到那些专家或学者型观点领袖的影响。

3. 家庭婚姻制度

各种文化中的家庭婚姻制度各不相同，中国实行的是一夫一妻制，某些阿拉伯国家则是一夫多妻制，有的部落还曾经实行过一妻多夫制。即使同是实行一夫一妻制的国家，各国在恋爱、婚姻、家庭上仍有很大差别。在美国，传统的婚姻和家庭受到“性解放”的冲击，一些新的形式，如系列婚姻（即多次离婚和再婚）、“开放式”婚姻（指配偶协议作某些灵活安排，有时包括可以发生婚外性行为）、未婚同居、单亲家庭、同性恋家庭等可以为人们所容忍。而在中国，这类做法却为规章制度所不容。

不同文化中，各民族、各国家之间的通婚规矩也不同。我国婚姻法规定近亲不能结婚，而在有的文化中只允许族内婚姻，以防止财产的流失。土耳其约留克人（Yoruk）的理想婚姻是第一代的堂（表）兄妹之间的婚姻。在印度，不同种姓的人之间，通常是不允许结婚的。在有的文化中，只通过族外婚姻以便加强氏族之间的经济、政治、军事联系，增强氏族力量。

不同文化家庭中的男女地位也不同。中国的女性地位是比较高的，我们对朋友之间“妻管严”的玩笑话并不在意，通常一笑了之。可同样的话如果用在来自男尊女卑文化背景的朋友身上，他们中的大多数人会很不高兴，因为在他们的文化中男子的地位比女子高，若一位男子被妻子管住了，那么他就是一个窝囊废。中国的女子结婚后不必改姓，而日本和西方女子婚后都改随夫姓，这也是不同文化中男女地位差异的一种反映。

4. 教育制度

教育制度在不同文化中也有很大不同。例如，中国的中小学生的课业量比较重，学习的知识也比较深；而美国的中小学的教育，在许多中国人看来，简直就是“放羊”。中国的高中生上大学比较困难，可入了大学门就轻松了许多，所以中国的大学是严进宽出的；而美国的大学是宽进严出，大学里的淘汰率是比较高的。各国大学的设置不同，教师的职称也不完全对应。例如，美国的“assistant professor”就很难翻译成对应的汉语，因为它比中国的讲师高，又比副教授低。

5. 社会安全体系

所有的文化，都有其维护社会秩序和维护法律的方式方法。惩治社会性的犯罪在各种文化里是普遍存在的，但像许多其他文化成分一样，社会控制是从特定的文化环境中发展而来，因此它们在各文化中各具特色，惩罚形式和量刑尺度均不一样。比如，贩毒是世界各国都禁止的，但各国对其处罚力度并不一样，在泰国贩卖毒品几克就会被处死，而在另一些国家不会这么严厉。因此，在涉外交流过程中，有时会明显感觉到对某些过失或犯罪，某些国家的惩罚太重或太轻。例如，美国的交通警察都带手枪，当警察追赶违章超速行驶的汽车时，违章司机停车后不能自行开门出来，否则警察有权对其开枪射击。这在我们看来，的确有点过分。不过，对一种社会控制方式方法的估价，依赖于从自己文化角度的审视。

6. 新闻传播制度

通信和大众传播体系与涉外交流有密切关系，传播工具的产生和发展同生产力、生产关系、社会政治制度、社会心理、社会思想体系等社会结构的五个基本层次紧密相连。这五个基本层次在不同的历史时期，对于不同的传播工具，曾以不同方式并依照不同的主次序列而起作用。例如，一个国家的政治制度决定传播制度，特别是在阶级社会中，传播工具总是从属于一定阶级，具有阶级性。我们可以理直气壮地说，中国的传播媒介是党和政府的“宣传喉舌”。美国传播学中的主流学派即传统学派却认为社会主义传播制度是极权主义的，而资本主义的传播制度是自由主义的。

法律规范多是成文法，所以涉外交流者在法律规范上的冲突往往涉及国家主权问题，因此，无论个人还是群体，客人都必须遵守所在国的法律。若行为上触犯了所在国法律，则要按所在国的法律加以处罚。法律规范上的冲突带来的不仅是精神上的损失，也有物质上的损失。

（四）宗教规范

宗教规范是神化了的社会行为规范，它采取超自然、超人间的神秘形式，具有极强的自制性，在社会中发挥着调整人们行为的作用。

宗教体系包括信仰、宗教节日、宗教仪式、礼拜地点、教规、戒律、组织系统等诸多方面。如果我们不理解这一体系，就会引起很大麻烦。比如，《魔鬼的诗篇》的作者拉什迪触犯了伊斯兰教，尽管他已经认错，但仍未得到宽恕，而有几位把该书翻译成别种文字的人也死于非命。在穆斯林的斋月，穆斯林信徒从凌晨5时到太阳落山都不能饮水、进食或抽烟。在沙特阿拉伯，违反斋月禁食条例的外国人将遭到拘禁和驱逐。这种斋戒，甚至还包括不能咽下自己的唾液，因此，穆斯林信徒常在斋戒时往地上吐唾液。如果不了解这种教规，很可能会误认为穆斯林信徒不讲卫生。

中国人对异文化的宗教规范往往不甚了解，这在涉外交流中应格外注意。例如，在西亚和中亚的许多伊斯兰教徒不允许吸烟、喝酒，我们切不可对这些客人敬烟、敬酒。

在涉外交流中，宗教规范上的冲突要比风俗习惯上的冲突更加难以调和。在政教合一的国家，违犯教规常常就是违反法律。而对于此类冲突，国际法庭通常也无法受理。

三、物质文化

物质文化是文化的具体有形部分，是通过人类劳动制造出来的一切物品，如工具、武器、日用器具、服装、饰物、宫殿、住宅、寺庙、作坊、都市、城堡、坟墓、公园等，在它们上面都凝聚着人的观念、需求和能力。不同的文化创造出了各具特色的物质产品。在涉外交流中最容易发现的文化特征，就是物质产品方面的不同，它体现在衣、食、住、行等各个方面。比如，衣着上，苏格兰人的格裙、阿拉伯人的大袍、印度妇女的莎丽、日本人的和服、朝鲜女子的长裙都代表了着衣者的文化属性。物质文化对涉外交流的影响主要表现在以下几个方面：

（一）一些特有的物质产品给涉外交流带来困难

一种文化中所独有而另一种文化中所没有的物质文化，会给涉外交流带来困难。比如，十八般武器的刀、枪、剑、戟、斧、钺、钩、叉，关羽的青龙偃月刀，张飞的丈八蛇矛，不仅难以找到对应的外文词汇，而且即便被翻译成外文，若不见图片，也很难理解它们究竟为何物。这类物质文化反映在一种语言的词汇上，就形成了另一种语言的空缺词汇。不同文化对同一物质产品也会有不同的估价。比如，一位朋友访问美国归来，一份西洋参是馈赠亲友的好礼品；但我们出国时，若把长白山的野山参送给美国朋友，那就有可能白花冤枉钱了，因为不懂中国文化的美国朋友会以为你送给他的是一种胡萝卜。

（二）传播媒介设施影响交流

与交通、传播媒介有关的物质文化对一个社会的发展和涉外交流有很大的影响。例如，在中国古代的四大发明中，造纸术和印刷术就属于传播媒介，对信息传播以至人类文明的发展都产生了巨大影响。欧洲一直认为印刷术的传播是文艺复兴、宗教改革运动和资本主义兴起的必要先导，是它导致了欧洲教育的民主化。如今，物质文化中，属电子传播媒介的通信设施和器材对人际交流、组织交流以及国际传播的形式、效率、后果影响日益增大。

特别是在国际传播方面，发达的西方国家依靠其经济优势，利用发达的电子传播媒介，基本上操纵了世界各国的信息和新闻传播，使涉外交流的信息从发达国家流向发展中国家。

不同文化的人习惯了自己的交流和传播媒介，在异文化环境中常常难以适应。如用惯电话的人，来到用电话不方便的环境中，常感不便。但是，在涉外交流中，不应用自己文化环境中的物质条件去苛求对方，而应入乡随俗；否则，常会使对方恼火。

（三）有人片面地以物质文化作为衡量文化的唯一标准

涉外交流中，有的人会把物质生活的贫富，作为全面衡量一种文化好坏的唯一标准，认为一个技术发达的、物质生活好的文化，其各方面就一切均好。这就显然会忽视了一些科学技术落后的国家在文化的某些方面，如艺术、语言、人际关系等，还蕴涵着丰富的文化遗产，这种短视和偏见是会危害涉外交流的。例如，不同文化中的衣、食、住、行的特色各有其道理，在涉外交流中，不能以自己的物质生活标准去衡量对方。阿拉伯大袍在一些崇尚西方现代文明的人看来，似乎很有些不起眼，但它却更能够适应沙漠地带的气候，比西装优越。1981 年，在炎热的纳吉布沙漠的实验表明，穿翻领衬衣和短裤的人在沙漠里被炙烤得发慌、汗流浃背，而穿阿拉伯大袍的人却还感觉良好，因为高温把空气从大袍下面抽到上面，形成了一个“通风管”，从而使人感到凉快。

第四章
涉外交流的过程

第一节 涉外交流中的信息系统

一、信息

(一) 涉外交流中的信息

1. 信息与环境

信息与环境密切相关。环境作为交流的一个组成部分，意味着信息是在一定环境下发出的；信息解码也是在一定环境下进行的。这里所指的环境，包括社会环境、自然环境、身体状况或心理状况。这些环境对于发送者或接收者来说，可能是完全不同的；因此，在某种文化环境下所形成和发出的信息，被另外一种文化环境下的群体接收后，所理解和领会的含义会不尽相同。例如，某西方国家报纸曾在愚人节时刊登了一则科学家发明牛肉型西红柿的消息。这本来是一个玩笑，可传到了某个东方国家后，居然被当成一则科技新闻刊登出来。由此可见，不了解信息发出的环境，就可能产生误会。

了解信息接收者的环境，有助于确定交流或传播所使用的渠道。在大都市，信息量往往远超居民正常需要的范围，造成信息过度。而在边远山村或渺无人烟的边防哨所，那里的人们所接收到的信息量很少，信息匮乏。那么，在两种不同的环境中，一则同样的信息就会引起截然不同的反响。比如，一个中等水平的艺术团，在北京演出可能根本不受关注，但到了边防哨所却会受到极其热烈的欢迎。在中国的《人民日报》和美国的《纽约时报》上刊登同样的广告，其效果也不一样。因为《人民日报》每天只有 24 版，读者比较容易读到这则广告，而《纽约时报》每天有 90~140 版，该广告很可能就被淹没在信息的海洋之中。

2. 信息的选样和控制

人们在接收信息时有很大的选择性。例如，鼾声如雷的人对自己的鼾声充耳不闻，而轻微的开门声或脚步声却有可能使他惊醒。当今社会信息“爆炸”，只就文字材料而言，世界上一天印刷出版的资料一个人一辈子都读不完，因此必须对信息加以选择。选择的主要因素有两个：一是受众喜欢采用最省事、最方便的途径去获取信息。二是受众乐于接收那些他们最感兴趣、能给他们带来最大利益的信息。

此外，信息接收者在选择信息时，总是在寻找（常常是无意识地）那些能加强他们自己观点（先入之见或偏见）的信息，并倾向于接受能证实他们信仰和以往经验的信息。这说明，文化对人们的信息选择发挥着重要的作用。

人们在发出信息时要加以控制。例如，机要人员不能把党和国家的机密说出去，科学家对自己科研成果的某些核心技术要保密，商场经理也不能向外人道出本商场的经营计划。在不同的文化环境中，对哪些信息可以交流、哪些信息不可以交流，有不同的规范。例如，在基督教堂里，人们谈论的话题应是围绕着信仰和依靠上帝，通过耶稣解脱自己的罪过，避免恶行，努力争取更好的生活等而展开。在清真寺里，人们谈论的话题是《古兰经》的道德权威及其对现代政治的运用。因为在穆罕默德的教诲中，宗教与道德问题密切相连，宗教信仰与生活中的道德问题密切相连。再比如，中国人初次见面时，喜欢询问或交流个人基本情况，而这正是西方人所忌讳的隐私。因此，在涉外交流中，应知晓不同场合适合和忌讳的话题，不能“哪壶不开提哪壶”，要积极寻找对双方都适宜的话题。中国人和美国人在日常交往中有许多话题是双方都可以接受的，例如，个人的爱好或嗜好、节假日活动、天气、当地和国内的新闻、近期上映的电影和最近出版的新书等。

在大众传播领域，宣传的作用是在一种文化中或在两种文化间对信息加以控制。宣传有多种方式。无论对内还是对外，一体化宣传都是一种重要的宣传方式。这种宣传方式的目的是把人们调整到一种众所期望的模式中；其主要表现形式是教育，把个体从儿童时期就开始逐步塑造成社会所期望的人。教育是在一种文化、一个社会里持续不断地进行的。

不同社会、政治制度有着与之相适应的大众传播工具，从来没有一个社会不对其言论、出版自由以及公众得到消息的自由作出某些限制。在西方，除了政府限制以外，还有利益集团的控制。言论、出版自由同任何一种自由一样，都不是绝对的。

3. 信息与交流者的身份

在任何交流层次，交流者的身份地位对信息本身有直接的影响。信息发送者的地位高、信誉好，就意味着其信息将受到认真的对待。这是由于地位高的人具有影响他人利益的权力，地位低的信息发送者发出的信息往往得不到重视，即人们常说的“位卑言轻”。在涉外交流中，人们常常对对方的身份或背景不是很清楚，因而影响交流效果。

（二）信息与编码

人们可以用多种多样的方式对信息进行编码，以形成符号系统。人们用喉咙发声形成语言，用可以看见的拼音字母或图形组成文字。不同文化的人用不同的声音和不同的书写符号编码，形成了世界上众多的语言和文字。

编码必须以信息接收者能理解为前提，否则信息就难以传递，犹如“对牛弹琴”。

符号有简单和复杂之别，符号系统的使用者还有多寡之分。编码是人们约定俗成的，是人们在一定的文化历史背景中形成的，它在特定的群体、特定的文化里面流通，一旦越过此种文化的边界与彼种文化进行交流，就会出现种种麻烦。

人们使用的符号系统，大致可以分为两类，参见表4-1。一类是语言符号系统，人们通过谈话和书信等口头和笔头的语言形式进行交流，其中语言是有声的符号，文字是无声的符号；另一类是非语言符号系统，人们可以运用表情、手势、身体的姿势、空间距离的远近、时间的长短、色彩、图形、器物，以及音乐、舞蹈、美术、艺术形式等一切非语言符号进行交流，它也可以分为有声的和无声的两类。例如，非洲的鼓话就是著名的有声非语言语，人们的身体语是无声的非语言语。

表4-1 符号系统

	语言符号	非语言符号
有声	言语	音调、口哨、音乐等
无声	文字、记号	身体语、时间语、空间语、图片、图画、舞蹈等

二、渠道

（一）文化对传播渠道的影响

在交流过程中，各种信息必须通过一种或一种以上的渠道加以传递。所谓渠道，就是传递被编码的信息的途径。渠道是把信息源和信息接收者连接起来的物理手段或媒介。信息传递的手段多种多样，可以是书面形式的，如书信、报刊、告示等；可以是电子形式的，如电话、电视、电子邮件等；还可以是声波和光波形式的，如广播、录音、图片等。在两个人面对面交谈中，声波和光波是渠道；在书信往来中，光波是渠道，但是信纸和文字本身也是信息得以传递的渠道。除了使用书报杂志、广播影视、电脑网络、图片等信息传递的渠道，人们还通过味道、气味和触摸来传递信息，它们也是渠道。随着科学技术的发展，人类传播信息的渠道日益增多，速度越来越快，效率也越来越高。一种信息通常可以通过多种渠道进行传递。

传播媒介的发展大致经历了语言→文字→印刷技术→有线电通信技术→无线电通信技术→卫星通信技术等不断进步的发展阶段。不同的国家、不同的文化，由于种种原因，处于不同的发展阶段，其传播渠道也是有差异的，并常带有自己的文化特色。不同文化群体、不同国家对同一种渠道的利用情况也不同。不同的文化对不同的传播渠道各有偏好，例如，中国人习惯于利用直接的渠道，不十分重要的事情也要面谈。而美国人则习惯于利用电话来交谈。在索马里等国家，文字形成较晚，大众对其领袖人物的口头传播，觉得比文字传播更可信。

（二）直接式渠道和间接式渠道

直接性的渠道是指交流者面对面的交往，人际交流可以是直接的，也可以是间接的，大众传播多数是间接的，不过现在正在向直接交往方向发展。

直接渠道的长处是可以运用人体的所有感觉器官，能提供最大量的信息和最直接、最及时的反馈，传递信息和理解信息的准确性最高。

间接渠道的长处有两点：一是能跨越时间和空间，例如，我们可以通过看甲骨文来了解祖先的历史；二是受众多，例如，春节联欢晚会通过电视会有几亿人在同一时间观看，一首好的电影歌曲能使几代人都在传唱。不过，间接渠道也有短处：一是反馈慢，比如，春节联欢晚会效果如何要经过一段时间的调查后才能知道；二是可供选择的信息量少于直接渠道，传递信息的准确性也不如直接渠道。

另外，间接渠道的传递者，无论是人还是物，信息在传递过程中都可能出现失真变形，特别是当传递者为人时，会有更多的变形。利用恰当的传递物传递信息，接收者就能准确地接受到。军队里，从队头到队尾传口令就是这种信息传递形式的典型。在这一过程中，中介人可能起到澄清的作用，也可能给信息增加一些模糊性，导致有时信息从队头传到队尾会变得面目全非。

而且，当中介者为异文化成员时，传递交流信息的有效性就不如同文化成员。涉外交流中，熟悉和理解双方文化的中介者的重要性是毋庸置疑的，在这种情况下，中介人可以起到澄清作用。如果他不懂双方文化，那么澄清的作用就会降低，甚至会引起混乱。

直接渠道比间接渠道反馈迅速，而且能获得更多感官信息，形成更完整的背景知识，使得交流更为有效。因此，涉外交流应优先考虑直接渠道。当条件限制不得不利用间接渠道交流时，要充分估计到中间过程对信息失真变形的影响，尽可能利用更多的渠道，尽快收集反馈。

三、反馈

（一）涉外交流中的反馈

信息发送者发出信息的结果返回到发送者的过程，称为反馈。反馈是检验交流效果的一个最重要的尺度。反馈是人际交流中的一个组成部分，特别是在面对面交流的过程中，如果信息接收者不能理解发过来的信息，他可以马上把这个情况直接反馈给发送者，发送者也可以立即改正其中的不足，这也是面对面交流效率最高的原因之一。

为什么人们经常忽略反馈这个环节？主要有以下几个原因：一是认为反馈会耽误时间，有反馈的交流所用时间至少是没有反馈的两倍以上；二是有反馈的交流常让人觉得乏味，有些人会从心理上抵制有反馈的交流；三是很多人自认为对方会理解自己的意思，不需要反馈；四是电视、电影、报纸、杂志等大众传播媒介没有直接反馈的环节。

由于交流对象文化差异较大，涉外交流过程中的多方面、多渠道的及时反馈，比同文化交流过程中的反馈更为重要。

（二）负反馈原理

反馈可以分为正反馈和负反馈，正反馈是指反馈的信息和自己期望的接收者的反应相吻合，发挥着肯定自己行为的作用；负反馈是指反馈的信息和自己的期望不一样，起着修正或改变信息发送者的信息的作用。当交流者的行为偏离了既定的规范时，负反馈向其提供纠正这种行为的信息。

交流过程特别是人际交流过程中，正、负反馈会不断帮助交流对象进行调整，使交流发挥最大的效益。一般说来，一个人对周围的文化环境越熟悉，负反馈发出信息的准确度也就越高。而一个人当与异文化的陌生人打交道时，常有一种无所适从感，其负反馈功能也难以正常发挥。

从某种意义上而言，要衡量一个人的文化适应能力，就需要考察一个人能否尽快地在不同的文化中正常地发挥其负反馈的功能。①为此，需要有心理上的准备，即承认每种文化都有一套可预测的行为规范和价值系统，它们的存在都具有可能性。只有认识到了这一点，交流双方才可能真正理解和容忍文化差异，理解和容忍由此引起的文化冲突。负反馈原理的正常运用也必须以此为前提条件。

负反馈功能的正常发挥与谈论的话题也有关。美国人在与日本人交流时，应尽量减少涉及婚姻、恋爱、性、约会和情感等话题；反过来，日本人在与美国人交流时，应竭力避免涉及身体健康和工作的话题。因为美国人对爱和性话题的关注，会给含蓄的日本人造成困扰；而日本人对身心健康、工作、关系持久等话题的过分重视，也会给美国人增添麻烦。

在涉外人际交流中，双方若事先通过间接经验了解异文化群体中不同年龄段、不同职业人员具有普遍意义的特征，便能够较快地找到彼此都感兴趣的话题，这时，人的负反馈功能也能很好地发挥。

第二节 语言符号系统

一、语言与感知

语言是人类社会中客观存在的特有的社会现象，是一种社会群体约定俗成的，通过学习获得的，由语音、词汇、语法构成的符号系统。语言是在一定地域或文化群体成员之间表达意思和交流思想的交流工具，也是文化的重要载体之一。语言差别是不同文化间最重要的区别之一，是同文化交流与涉外交流相区别的显著标志之一，也是涉外交流中最大的障碍之一。

文化对语言的影响很大。实际上，语言和文化难以分开。文化很大程度上决定了语言本身，文化环境对其成员如何使用这种语言发挥着积极作用。语言反过来又对人们的感知产生影响。人们容易看到文化对语言的影响，却不易察觉语言对感知的影响。

语言的作用不仅是传递信息，而且在实际生活中塑造了人们对客观现实的感知，即语言结构能决定思维方式，各种不同语言的结构导致使用这些语言的人以不同的方法去观察世界。

在涉外交流中，一种语言的词汇对说另一种语言的人的感知有一定的影

① 爱德华·霍尔著，韩海深译：《超越文化》，重庆出版社1990年版，第50页。

响。例如，在英语中人们可以说："You should talk to my uncle in the corner." 这句话就不能简单地翻译成汉语，因为在汉语中没有与"uncle"相对应的词，是叔叔还是舅舅，在这句话中并不清楚。同样，这句话也不能简单地从汉语翻回英语或译成日语。因为"你"在英语中有"you"和"thou"两种，而现在 thou 除了在教堂和一些贵格会教徒之间还使用外，已经很少有人知道了。另外，在日语中，"你"的选择也是很多的。日本人讲话时，不仅要看讲话人与自己关系的亲密程度，还要看双方的地位、年龄、性别、讲话的场合，大约有 10 个相当于英语"you"的词汇。"corner"在日本人看来也是个不明确的词汇。在日语的词汇中分为内角和外角。因此，两种语言中词汇含义的不同，影响了我们对客观现实感知的清晰程度。

二、语言对涉外交流的影响

语言作为一个整体与文化发生关系，无论是文化对语言的影响，还是语言对文化的承载，两者之间的相互作用都是发生在语音、语义、词汇、语法、语用、文字等几个方面。下面以汉语和英语为例，来说明语言影响涉外交流的各个方面。

（一）语音与涉外交流

语音对语言表达风格等方面会产生很大影响。世界诸语言从声调上可分为声调语言和非声调语言。声调语言中的声调（表现在字调上）同辅音元音一样，起着辨义的功能。如汉语普通话的"妈"、"麻"、"马"、"骂"，发音相同，但因声调不同而意义有别。而声调语言中的英语，其声调只担负语气的功能。汉语普通话有四声，而英语等印欧语系的口语中无四声。汉字基本上都是单音节，而英语单词多是多音节。英语的多音节单词中，有重音或有一个重音、一个（或以上）次重音。英语是以轻重音区别词义的语言。由于语音的特性，汉语诗歌的格律为"平仄律"，而英语诗歌的格律则为"轻重律"。

汉语中存在的大量同音词汇，为中国文学和曲艺的某些特色提供了沃土。特别是在相声中，一些表现手法就得益于汉语同音词多的特点。例如，有一段讽刺滥用省略语的相声中，一位召集各工厂开会的人问"无齿"（无锡齿轮厂的省略）的来了吗？"厦流"（厦门整流器厂的省略）的来了吗？"上吊"（上海吊车厂的省略）和"自纱"（自贡纱厂的省略）的来了吗？由于谐音的关系，听众就听成了"无耻"、"下流"、"上吊"、"自杀"。上述文化特色在涉外交流翻译成英语时就会特色尽失。

利用发音特点形成的语言游戏很难英汉互译，像绕口令“吃葡萄不吐葡萄皮，不吃葡萄倒吐葡萄皮”译成外文，将很难既表达汉语原意，又表现出游戏趣味。同样，英语绕口令“The sixth sick Sheik's sixth sheep's sick”，虽然可以直译为“第六位生病的阿拉伯酋长的第六只绵羊病了”，但完全失去了绕口令的特点和趣味。

（二）语义、词汇与涉外交流

语义是指符号与所指事实或概念之间的关系，换句话说，语义是指语言中词语的意义。对比汉语和英语的情况，其中词义的异同问题与文化的关系最为密切，对涉外交流的影响也最为突出。

1. 词汇的特征

词汇与语言及人们的经验密切相关，当人们想要用语言表达关于某人某事的想法或感觉时，首先要选择恰当的词汇。所以，词汇量的多少和词义的辨析是涉外交流中的一个关键问题。各种文化都给词汇赋予了特有的含义，每个词汇代表着一定的对象或现象。符号同对象之间的固有关系并不是必然的，而是人们在共同社会生活中相约而成的。各种文化群体对同一对象或同一现象各有不同的说法和名称，甚至在同一文化内对同一对象也有不同的说法和名称。

词汇的意义有两个重要特征：

（1）词汇意义既有稳定性又有变化性，稳定是相对的，而变化是绝对的。首先，词汇的意义在发展变化。几乎在每一种语言中，许多词汇的意义都在不断变化。如英语词汇“weekend（周末）”一词，最初在每周6天工作制时，是指星期六晚上到星期天。后来，实行了每周5天工作制，其含义变成了星期五晚上到星期天。汉语词汇的意义也在变化。如“先生”一词，在新中国成立后一度表示为旧社会过来的知识分子，带有一点贬义；近年来多指有学问的老先生，是褒义。由此可见，一个文化群体中，文化上的发展变化，往往在词义上有所反映。尽管英语和汉语词汇的含义都富有变化性，但是，由于汉语是一种象形文字，而英语是一种拼音文字，因此英语词汇的意义的变化速度要比汉语快。其次，词汇又必须具备相对的稳定性，否则人们难以进行正常的交流。例如，“水、火、太阳、月亮、男、女”等词汇的含义都具有相对的稳定性，多年来其意义基本未变。

（2）词汇所表示的意义大致可以分为两大类：字面的意义（Denotation，或称本义）和引申意义（Connotation）。字面意义是指字面上直接所指的事物或概念。例如，“手”的字面意义就是指人的双臂前端能拿东西的部分。“黄金”是指黄色的，不易腐蚀，便于切割的贵重金属。但并不是所有字面的意义都有物质上的对应物，那些代表抽象概念的词汇就没有相应的物质与其对应。例如，“态度”一词只是人们用来表示人们行为的概念，在人的大脑组织中，没有与“态度”对应的部分。而引申的意义是指在原来字面意义之上所添加的新意义。例如“黄金时节”中“黄金”的引申意义是宝贵的意思。“北极”的字面意义是指地球北纬 66 度 33 分以上的部分，其引申意义是寒冷。由于不同的民族在其发展过程中，各自创造出了独具特色的物质文明和精神文明，因此反映在语言上，文化不仅影响了词汇的字面意义，而且也影响了词汇的引申意义。比如，“红”在作为一种基本颜色时，在汉语和英语中的字面意义是相同的，但其引申意义则各有千秋。我们可以根据《现代汉语词典》和《英华大词典》的释义作一对比，如表 4-2 所示。

表 4-2 词典释义对比表

<table>
<tr><th colspan="2">汉语“红”的引申意义</th><th colspan="2">英语“red”的引申意义</th></tr>
<tr><td rowspan="5">红</td><td>象征喜庆的红布（如披红）</td><td rowspan="5">red</td><td>赤热的</td></tr>
<tr><td>指红利（如分红）</td><td>血腥的、血淋淋的、残酷的</td></tr>
<tr><td rowspan="2">象征革命和政治觉悟高（如又红又专）</td><td>革命的、共产主义的</td></tr>
<tr><td>北极的（磁石的指向）</td></tr>
<tr><td>象征顺利、成功或受人重视和欢迎（如红运、开门红）</td><td>英国的（由于地图上常把英国领土染成红色）</td></tr>
</table>

2. 涉外交流中的词汇问题

了解不同语言中由于文化不同而形成的词汇字面意义和引申意义的差异，是有效地进行涉外交流的一个关键。例如，我国的现代京剧《红灯记》的名称常被美国人误解。红灯的字面意义是指红色的灯，红色在汉语中的引申意义是“革命的”；而在美国文化中，其引申意义却和提供色情服务有关，有些美国城市把提供色情服务的街道称作“红灯区”。

对照两种语言，其词汇在字面意义和引申意义上的异同，以及这种异同对涉外交流的影响大致可以用表 4-3 来表示。

表 4-3 两种语言词汇意义及对涉外交流的影响

<table>
<tr><td rowspan="2">词汇关系类型</td><td colspan="2">词义</td><td rowspan="2">对涉外交流的影响</td><td rowspan="2">词汇举例</td><td rowspan="2">理解水平</td><td rowspan="2">比例</td></tr>
<tr><td>字面意思</td><td>引申意思</td></tr>
<tr><td>重合词汇</td><td>相同</td><td>相同</td><td>完全理解</td><td>头</td><td rowspan="5">高
+
0
−
低</td><td rowspan="5">不同的语言中词汇所占比例不同</td></tr>
<tr><td>平行词汇</td><td>不同</td><td>相同</td><td>在理解时增减信息</td><td>牛</td></tr>
<tr><td>全空缺词汇</td><td>空缺</td><td>空缺</td><td>不理解而加以询问</td><td>坦克</td></tr>
<tr><td>半空缺词汇</td><td>相同</td><td>空缺</td><td>迷惑或误解</td><td>13</td></tr>
<tr><td>冲突词汇</td><td>相同</td><td>不同且相反</td><td>误解</td><td>鹤</td></tr>
</table>

（1）重合词汇。即使拥有不同的文化背景，人类毕竟都生活在地球上，所处的自然环境及其生活条件有很多相似之处，因此不同语言中有许多词汇的意义是相同的。都包含有空气、水、太阳、月亮、男、女、老、幼、大、小、长、短等大量可以一一对应的词汇或概念。这类词汇不仅字面意义相同，而且引申意义也基本相同，我们称其为重合词汇。

（2）平行词汇。是指在两种语言中其字面意义不同，但引申意义相同的词汇。为了表达同一个意思，两种不同的语言有时使用字面意义不同的词，我们称之为平行词。当形容一个人很瘦的时候，汉语用“他瘦得像猴子似的”，而英语用“He is as thin as a shadow（他瘦得像影子似的）”。汉语中在形容人在过着劳累而痛苦的生活时，常说过着牛马的生活，而英语则说“to lead a dog's life（过着狗一样的生活）”。当然，两者之间也有一些不同：牛马有体力劳动的含义，狗另有卫士和朋友的意思。

（3）全空缺词汇。是指一种语言某些词汇的字面意义和引申意义在另一种语言中都没有与之对应的词汇。各种语言的词汇量并不相等，在任何一种文化中，也总有一部分在另一种文化中不存在的词汇。例如，儒家思想中的仁、义、礼、智、信，在基督教文化的语言中就没有准确的词汇与之对应；反之亦是如此。对于这类词，一种方法是用一组词汇或一句话来解释；另一种方法是用音译。汉语中的许多外来词，诸如佛、觉悟、苏维埃、德先生（民主）、赛先生（科学）、坦克、法西斯等，这些概念最初介绍到中国时，在汉语中找不到与之对应的词，从而只得音译。同样，我国的饺子、馄饨、荔枝、冰糖葫芦、炕、磕头、锅、籍贯、大字报、节气等词在英语中也没有对应的词，也只得音译。另外，汉语中反映人们亲属关系的称谓词很丰富，有婶娘、伯母、姑妈、姨母、舅母等，在英语里则统一称为 aunt，没有单个的词与汉语相对应。自改革开放以来，又有许多新的外来词，如“卡拉 OK”、“T 恤衫”等被吸收到汉语中。同时，汉语又增加了大约 2700 条新词汇，其中有些词汇，如“承包、三资企业、集资、四个坚持”等在英语中都属空缺词汇。

随着社会和科学技术的发展，在不同语言中会不断地出现全空缺词汇。当全空缺词汇出现在涉外交流中时，接收信息的一方无法理解，但也不容易误解对方的意思。接收一方可以通过询问对方，让其用接收一方可以理解的词汇来解释它，这也是信息接收方向对方学习的好机会。

（4）半空缺词汇。是指两种语言中字面意义相同，但在一种语言中有引申意义，在另一种语言中却没有该引申意义的词汇。例如，“牡丹花”在汉语和英语中的字面意义相同，在汉语里它还有富贵的引申意义，而在英语中却没有；中国的岁寒三友“松、竹、梅”对英语来讲也是褒义半空缺词汇。

文化传统使各种语言形成了各自的语言禁忌，这常常形成了贬义半空缺词汇。如中国封建社会对君主的名字严加忌讳，唐代为避太宗李世民之讳把世改成代，把民改成人。旧时对父母的名字也要避讳，唐朝大诗人杜甫，一生留下 1400 首诗，却无一句涉及海棠花，因为他的母亲名海棠，正如他避父名“闲”之讳，诗中没有一个“闲”字。人们避讳的另一个原因就是避凶就吉。例如，日本人和朝鲜人避讳说“四”，因为“四”和“死”同音，医院和宾馆中没有四楼和四号，日本人探视病人忌送带根的花，因为“根”与“睡”在日语同音，使人联想到永远卧床不起。在基督教文化中忌讳 13，美国的高楼大厦内没有 13 层，因为这与“最后的晚餐”联在一起。

与语言禁忌相反的是语言偏好，人们常常利用谐音以图吉利。比如，中国人年三十常常吃鱼，特别是鲤鱼，就是取“里”和“鲤”、“余”和“鱼”的谐音。从广州引发、波及全国的崇拜“8”的热潮，因为广东人把“8”念成“发”的音，意即发财、发家、发展。

半空缺词汇在涉外交流中会引起四种情况：一是信息发送者的词汇有褒义的引申意义，在信息接收者那里该词没有引申意义时，信息接收者会失去友好的信息含量，未了解对方的好意；二是信息发送者的词汇没有褒义的引申意义，在信息接收者那里该词却有时，信息接收者会增加友好的信息含量，无端对对方产生好感；三是信息发送者的词汇有贬义的引申意义，在信息接收者那里该词却没有时，信息接收者会失去不友好的信息含量，蒙辱而不知；四是当信息发送者的词汇没有贬义的引申意义，在信息接收者那里该词却有时，信息接收者会增加不友好的信息含量，引起冲突。总而言之，半空缺词汇会不同程度地引起误解。

（5）冲突词汇。是指在两种语言中那些字面意义相同、但引申意义不同甚至褒贬含义截然相反的词汇。例如，“鹤”在汉语、日语、英语和法语中的字面意义都是指一种禽类；但在中国，鹤的引申意义是长寿的象征，中国人称之为仙鹤，地位仅次于凤凰；在日本，鹤是幸福的象征，日本航空公司的标志就是一只红鹤；然而，在英国，它却被看做是丑陋的鸟，在法国更是蠢汉和淫妇的代称。“猫头鹰”在中国常带有不吉祥的含义，在欧美它却常是智慧的象征。“喜鹊”在中国是吉祥的征兆，牛郎织女的神话故事中，鹊桥就为牛郎和织女会面提供方便，而在西班牙喜鹊却是贼鸟。新加坡的贺年卡上常印有蝙蝠、苹果，取“福”、“平”谐音，以图吉利，而英语国家的人们都害怕蝙蝠。白象（white elephant）在中国有吉祥之意，在美国英语中，却是大而无用、累赘的意思。“月光”在中国表示纯洁的褒义，在英语中常有虚幻、虚伪等贬义。“蓝天”（blue sky）在汉语中是纯洁之意，在英语中却有不切实际的意思。有些汉字音译成英语后，也会形成冲突词汇。如：市场上曾有过一种芳芳牌口红，音译成英语为 Fang Fang，而 Fang 在英语中的意思是狼牙、犬齿。

历史文化传统的不同，也是导致同一词汇在不同文化里承载不同内涵的原因之一。例如，“红脸”在汉语和英语的字面意义都是指脸色是红的，但其引申意义却褒贬不同。在中国，由于关公的脸是红的，所以红脸有忠义的褒义；而英国，威廉二世（William II, the Red, 1089—1100）暴虐、残忍、杀人不眨眼，他的脸色是红的，被称为红脸王威廉二世，故红脸有血腥的贬义。

各国意识形态不同是导致同一词汇在不同文化里承载不同内涵的另一原因。例如，在中国，穷苦人（Poor Person）、劳动者（Labourer）多含有正面的积极含义，而地主（Landlord）、资本家（Capitalist）则被打上反面的消极的意义；英美的情况则无此意。同一词的含义不仅有褒贬的不同，而且也有多寡的不同，有同一个词在甲文化里的含义大于或小于在乙文化里的含义的情况。例如，在汉语中“批评”（Critictism）常带有否定的意思；而在英语中则只表示评价，后者的含义因情况不同，有时大于、有时小于前者。汉语的“宣传”（Propaganda）一词，是表示对群众说明讲解，使群众相信并跟着行动的意思，是中性词；但在西方国家，这个词却含有夸大、粉饰甚至欺骗的意味，是个贬义词。英语的“Conservative”在英国是一个褒义词，含有尊重历史传统、办事稳健等意思；而汉语中的“保守”就带有不思进取的贬义。

冲突词汇在涉外交流中常常起着消极作用，容易引起误解，甚至导致涉外交流的破裂。如果说全空缺词汇是“明枪好躲”，那么冲突词汇以及上面所说的半空缺词汇就可以说是“暗箭难防”了。因而，挑选出两种语言中的冲突词汇并记住它们，对于涉外交流是很重要的。

在涉外交流中，“抽象层次”低的词汇，对交流带来的困难也小；“抽象层次”高的词汇，带来的困难也大。根据语义学的理论，所有的词汇都可以根据其抽象程度依次由低到高排列起来，形成金字塔型，如对“人”可如图 4-1 那样排列。

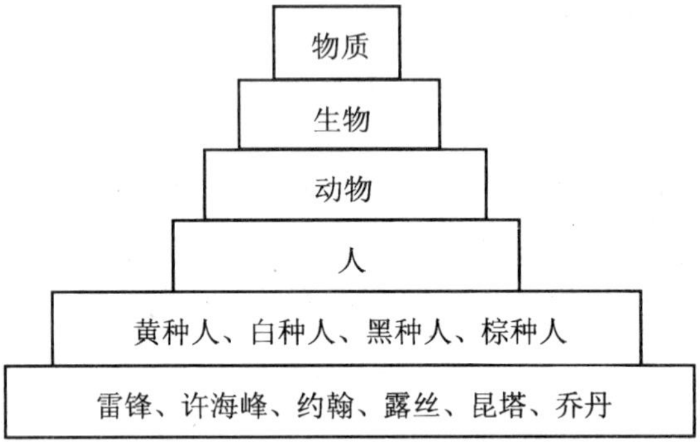

图 4-1 词汇抽象程度排列示例图

对于一个具体的人，大家都容易明白，例如许海峰，就是指那位在第 23 届洛杉矶奥运会上第一个获得金牌的中国男子射击运动员。随着抽象程度的提高，所需要的解释就越来越多。对于什么是“物质”这样高度抽象的名词，同文化的成员对它还有不同的看法，对于不同文化的成员来说，就更容易引起混乱和误解了。再如，坦克、比萨饼、饺子这些具体的、物质性的东西，只要见过了就容易理解，而英语中的“democracy”、“science”、“fair play”这些抽象程度高的概念，在最初传入我国时就不易准确理解，因此只能翻译成“德先生”、“赛先生”、“费厄泼赖”，经过多年的消化理解，前两个词才逐步被翻译成对应的“民主”、“科学”，对于“费厄泼赖”到今似乎仍无与之完全对应的汉语词。同样，中国儒家的“礼、义、廉、耻”，道家的“阴阳”、“风水”翻译成英语也常使英美人难以理解。这类词给交流带来了困难。而非洲的语言常常缺乏几何形状的概念，所以谈及空间问题时更常遇到困难。

在语义与词汇的层次上，除了上面所提及的文化内涵的差异外，还有其他一些问题：

首先，一个词往往有多种含义。据语言学家分析，英语中500个最常用的单词可以产生出1.4万多种意思来。比如，“Window”、“mouse”是我们日常熟悉的词汇，但用在信息技术和计算机领域有其特定意义，不熟悉计算机的人很容易译错。汉语中也常常一词多义，同一个词汇对不同的人、不同的时代、不同的情境有不同的含义。抛开两种语言词汇中承载的文化内涵差异的问题，即假设两种语言的词汇并不存在所谓承载的文化内涵差异，那么从甲语言的某个多义词中，选出一个意思使之与乙语言的某个多义词相对应也并不容易。例如，“赤脚大仙”是红脚大仙还是光脚大仙，外国人可能是很难说得清的。

其次，一般的字典收进来的词汇通常是有限的，而且通常是受过教育的人用的口语和书面语。某些俗语词汇，如，汉语中的“撒丫子”，即“走了”的意思，在《现代汉语词典》中就没有收录。

再次，随着科学技术的发展，许多词汇不断涌现，来不及收录在字典里。

（三）句法与涉外交流

语法分为句法和词法两个部分。句法研究的是句子的内部结构，以词汇作为基本单位；词法研究的是词汇的内部结构，以语素作为基本单位。句法根据被研究语言的固定用法论述表语、修饰语和其他词汇的关系。对于涉外交流来讲，句法中的关键问题是各种语言在句子结构上的差异。在世界各种语言中，主语、动词、宾语形成了四种排列，如表4-4所示。①

表4-4 世界各种语言中主语、动词、宾语顺序排列状况表

主语、动词、宾语的排列	在世界各种语言中所占的比例
主语—动词—宾语	35%
主语—宾语—动词	44%
动词—主语—宾语	19%
动词—宾语—主语	2%

① Eve V. Clark and Herbert H. Clark. Universals Relativity and Language Processing. in: Joseph H. Greenberg ed., Universals of Human Language. Vol. 1, Stanford, Calif.: Stanford University Press, 1978, p. 227.

英语的句子有两种基本类型：主语-谓语（或主语-谓语-宾语），主语-系动词-表语，英语句子中的主语是不可缺的。而汉语基本上是属于主语-动词-宾语这一类型的，但在汉语中，特别是古汉语中，主语是可以没有的。例如，李白的《静夜思》：

床前明月光，
疑是地上霜。
举头望明月，
低头思故乡。

诗中从头到尾没有主语，谁的床前？谁在怀疑映照在地上的月光是寒霜？谁在望明月？谁在思故乡？可以是我、你、他、她、他们、你们、他们。此诗若翻译成英语则需要加上主语“我”：

Before my bed
There is bright moonlight,
So that it seems like frost on the ground.
Lifting my head
I watch the bright moon,
Lowering my head
I dream that I'm home.

对比英语，汉语中没有主语，常给读者以更多的审美自由度，使读者有更大的自由遐想的空间，任凭读者的思想纵情驰骋。

中国的语言学者认为，中西语言造句的不同在于形态上，汉语为散点视，西语为焦点视；也在于过程上，汉语为动态视，西语为静态视。英语句子组织是以动词为核心的，句中各种成分都以限定动词为核心以明确彼此关系。这种句子格局本质上反映的是西方民族焦点视的思维方式。西方绘画的构图，其每一部分都可以通过透视线与视焦作直观的、几何学的联系。但在汉语中，句子思维是采用散点透视的方法。汉语句子不以某个动词为核心，而是散点展开，流动铺排，有头有尾、前因后果地表达思想。

布鲁姆（A. Bloom）对比了英语和汉语，认为汉语中没有他称之为“反事实假设”（Counter Factual）的结构，而英语中却有，如“If I had been going that way I would have taken you, but I was not”；汉语中没有英语中的定冠词“the”，也没有英语中那种把一句完整的句子缩短为一个名词性短语的结构，例如，把“Bush will be elected”缩短为“the election of Bush”。汉语缺乏形式，就会在与英美人的最初交流中带来困难。

（四）语用与涉外交流

语用学研究的是语言符号与使用者之间的关系。其重点关注的是：语言的使用在一定的上下文里产生什么样的字面意义和蕴涵意义，以及会产生什么影响和效果。不同的文化在语用规则上有差异，这也是影响涉外交流的因素之一。语言至少有两套规则：一是结构规则，即语音、词汇、语法等；二是使用规则，即决定使用语言是否得体的诸多因素。一句完全合乎语法的话，用于不恰当的场合，说得不合说话人的身份，或者违反当地的社会风俗习惯，就达不到交流的目的，有时甚至造成意想不到的后果。因此，学习和运用外语必须了解与这种外语有密切关系的文化。如果掌握语法知识有助于保证所造的外语句子结构正确，那么熟悉有关文化知识则有助于保证使用外语得当。①

1. 文化背景和语言形式选择

在涉外交流中，不了解双方文化差异就会造成语言形式选择上的失误。这种失误与交流双方的身份、语域和话题熟悉的程度有关。例如，汉语的"谢谢"和英语中的"Thank you"用法不同就常使中国人和英美人在交流中发生误解：在受到别人夸奖时，"Thank you"是英语中最常用的答话。但是，在汉语文化中，则说"过奖，过奖"或"惭愧，惭愧"之类的话应答。如果把这些话直译为英语，说"You flatter me"或"I feel ashamed"，而不用"Thank you"，那是很不得体的。又如，一位访美女学者在宴会上听到美国朋友称赞她的衣服漂亮"That's a lovely dress you have on"时，不会用"Thank you"，却按照汉语习惯回答："No, no, it's just a very ordinary dress"。这句话的语用失误在于，听者会认为这种答话暗示着她连衣服的好坏都分不清。

在涉外交流中，对对方称呼不当，也会引起误解甚至反感。在中国对自己和对方的父母亲都不能直呼姓名，而应称"家父"、"家母"或"令尊"、"令堂"，对老师直呼其名也是很不恭敬的。在中国传统文化中受过教育的人在谈话时，都不会直呼对方的名，而是称对方的字。例如，毛泽东、周恩来对李宗仁就称"德邻"先生。而在英美国家，儿子可以直呼父亲的名字；学生与老师的关系越亲密就越能直呼其名，这是由于文化不同而产生的语用上的差别。

---

① 邓炎昌、刘润清：《语言与文化——英汉语言文化对比》，外语教学与研究出版社 1989 年版，第 1~3 页。

2. 不同文化中“会话中合作原则”的差异

英国语言学家格赖斯（Paul Grice）在20多年前提出了“会话中合作原则”，认为会话双方有问有答，这是合作的基本形式，不然就不可能有会话。格赖斯还提出了合作原则的四条准则：关联准则、信息适量准则、信息真实准则和信息明白准则。

关联准则指的是答其所问，或答非所问，或有所答有所不答，这在许多文化中都存在。例如，问：“某主任的报告不怎么样，你说呢？”答（甲）：“哦，你这样看。”（部分关联，蕴涵：自己不表态）答（乙）：“快走吧，赶紧回家看足球赛实况转播。”（毫不关联，蕴涵：这个问题不好谈，不要谈了）但是，不同文化在关联准则中也有差异。例如，在一些非洲文化里就没有问答配合，在这些文化里，信息是珍贵的，不打算轻易泄露出去。中国人在问答关联方面与英美人也有差异：美国对不答所问（沉默）的人的恼火程度要胜过中国人。

各文化在交流中都会照顾对方的面子，凡是会伤害对方感情的话，总是避免直说，使对方通过蕴涵来体会，以降低不愉快的程度。

美国人说话喜欢直来直去，所以常常说“不”，有时会使东方人感到尴尬，有伤面子。到菲律宾工作的美国维和队员中，许多人就曾因为说话过于坦率而破坏了与当地人的关系。墨西哥人认为，直截了当是一种软弱的表现或意味着背叛，一个人不应该让外界人深入到自己的感情深处。在谈话的插曲结构方面也有很大的不同，阿拉伯人在和其他人谈话时，在正式谈及实质性问题之前，一般要插入大约半个小时的非正式闲谈。

不同文化，在寒暄、称谓、敬语、谦词和约请、应邀、待客等方面都有不同的礼貌用语。有的采取夸张形式，有的采取谦虚形式。东方文化，如中国文化、日本文化，一般比西方国家更看重谦虚的原则。如果以一种文化的礼貌用语套用于另一种文化，有时会造成误解。

（五）一种语言内的变异与多样性

在同一种语言中，由于存在多种亚文化群体而形成了多种方言、行话、隐语和黑话。作为世界上使用人口最多的语言——汉语，就有八大方言，它们在发音、词汇和词义、句法、语用等方面都有差异。

在同一文化中，有的亚文化群体有自己的行话、隐语或黑话。从《红灯记》中李玉和与磨刀人的接头暗号、《智取威虎山》中座山雕的“天王盖地虎”，到老北京人管警察叫“雷子”、管美元叫“美子”，都属此类。

英语是一种国际上广为使用的语言，然而英语的多种变体也会给涉外交流带来误解。英语中的变体主要有英国英语、美国和加拿大英语、澳大利亚和新西兰英语、印巴英语、非洲英语。在每一种变体内又有许多地区方言、社会方言，这些变体有地区性的词汇、语法和发音。

在美式英语中，白人英语和有色人种的英语也有差别。在那些以英语作为非民族语言的官方语言国家中，其地方色彩更浓。

以上叙述了汉语和英语各自的多样性和复杂性，法语、德语、西班牙语、俄语和阿拉伯语也有类似的情况，这给以语言为桥梁的涉外交流带来了重重障碍。

三、语言的翻译

（一）翻译

翻译就是把已说出或写出的话的意思用另一种语言表达出来的活动。翻译是可能还是不可能，意译还是直译历来是翻译界争论的两大问题。

1. 翻译的可能与不可能

（1）既可能又不可能。这是说，完完全全能够翻译的情况是没有的，完完全全不能翻译的情况也是没有的，世界上一切的翻译活动都是在这两个极端之间进行的。翻译涉及的源头语言和目的语言之间总会或多或少地存在着差距。前面论述了语言在语音、词义、语法、语用等层次上与文化的关系，在把一种语言翻译成另一种语言时，把所有这些层次都相应对等地进行转换是很难做到的，这受到了翻译中译者主观条件和两种语言客观条件的限制：一个翻译者或一个翻译班子的学识和翻译水平是有限的；由于两种语言的客观条件，一个翻译者，不管水平多高，也只能尽可能地接近源头语言，而不可能把原意和神韵完全表达出来。

（2）不同语言之间的翻译难度是不同的，在同一语系的语言之间的相互翻译要比不同语系的语言之间的相互翻译容易。

一般认为，逻辑的抽象的东西，如数学、物理、化学等，翻译起来比较容易，但也有含义转移的危险；重在故事情节的作品，翻译起来比较容易；重在说理或鼓动的作品，如格言诗、论战文章、政治演说，以及讽刺文学等，翻译起来也不十分困难；重在表达感情的高级文学作品，翻译起来就极为困难，在这里翻译或多或少只能是再创作，原作中的神韵、情调无论如何是难以完全仿制的，特别是源头语言中那些靠声音来产生的效果，在目的语言中是完全无法重新创造的。

（3）翻译不是电报码式的转换，而是沟通。实际上，称职的翻译不是词句转换的“对号者”，而应该是沟通者。

在计算机和信息网络技术迅猛发展的今天，虽然实现了机器翻译，但是，翻译家的译文要比计算机和网络翻译的准确得多，尤其对富于感情的文体如文学来说更是如此。在翻译过程中，需要译者付出艰苦的劳动。

（4）一些修辞方法难以或不可能翻译。不同语言的修辞有共性，也有民族性、社会性和历史性。不同语言中，由于语言文字的特征，一些修辞方法（修辞格）无法互相转换。例如，汉语里由语音、构词、语法、文字的特点而形成的一些积极性修辞格是难以或无法翻译为英语的。

首先，由语音特点形成的一些修辞格难以翻译。由于汉语词中单音节和双音节的占绝大多数，汉语又是有声调的语言，因而便于构成对偶这种修辞格。对偶在诗词中称为对仗，是律诗格律的重要支柱。对联在明代开始流行，是对偶的独特运用。律诗名句中不少出自对偶，对联雅俗共赏，为我国人民喜闻乐见。整齐对称而又抑扬和谐，给人以语言文字美的享受。这方面汉语与英语有很大区别。许多优秀的汉语佳句的音乐美是很难被翻译成英语的。

其次，由构词特点形成的一些修辞格难以翻译。由于汉语词的重叠形式比较发达，而构成的复叠修辞格，形容词、动词、名词、副词、量词都有重叠的形式。如李清照的《声声慢》：“寻寻觅觅，冷冷清清，凄凄惨惨戚戚。乍暖还寒时候，最难将息。”这种修辞格所加强的描绘色彩，在翻译成英语时是无法表达的。

再次，由于句法特点形成的一些修辞格难以翻译。在汉语句法中，由于词序是重要的语法手段，便于构成回文、“顶针”等修辞格。如王融《春游回文诗》：“池莲照晓月，幔锦拂朝风。”回复读为“风朝拂锦幔，月晓照莲池”，这类回文诗英语中是没有的。英语的回文（Palindrome），主要在字母的顺拼和倒拼：一种是回文词，如“did”、“pop”、“sees”。汉语是象形文字，所以不会产生回文字的情况。另一种是回文句，如“Madam，I'm Adam”（汉语意思是“女士，我叫亚当”），这种回文句也无法译成汉语。“顶针”是用一句末尾的词作为下一句的开头，使语句递接紧凑，气势连贯而下。如李白《白云歌送刘十六归山》：“楚山秦山皆白云，白云处处长随君。长随君，君入楚山里，云亦随君渡湘水。湘水上，女罗衣，白云堪卧君早归。”这种修辞效果也很难在英语中表达出来。

最后，由于汉字特点形成的一些修辞格难以翻译。如《红楼梦》第五回中的“子系中山狼，得志便猖狂”，“子”、“系”合在一起是繁体字的

“孙”，即指孙绍祖。这类文字拆合以及诗中“藏词”的手法，都几乎无法翻译。

至于综合运用上述修辞格的一些汉语语句，如孟姜女庙的对联“南海朝朝朝朝朝朝朝落，白云长长长长长长长消”，翻译就难上加难了，或者说根本就无法翻译。

2. 直译与意译

中国翻译理论界长期以来讨论的重点是直译和意译的问题。直译是指原文有的不能删掉，原义没有的不能增加。意译是指对原文可以增删。经过不断的探索，直译被普遍接受。

3. 检验翻译准确性的方法

检验译文准确性的一种有效方法是反复翻译（back translation）方法，即首先从甲种语言翻译成乙种语言，然后再从乙种语言翻回甲种语言，接着，把翻回的甲种语言与原文进行对照，如果两者的差异越小，则译文越精确。

（二）语种的选择

每个民族对自己的语言都有深厚的感情，在与那些以多种语言为官方语言的国家进行交流时，选用何种语言也影响交流的效果。在加拿大，法语和英语同为官方语言，在交流时选择英语还是法语，对于工作效率、彼此的友谊、工作职位的安全感、交往的顺利进行和自尊心等方面都有影响。加拿大学者认为，在加拿大双语的条件下，影响语言选择的因素有5个：对语言的熟练程度，语言适应（取得对方的好感），群体内谈话人之间的上下级地位，语言群体的地位（该语言群体在社会上的地位）和语言的工作环境（是工作场合，还是娱乐环境）。

与此类似，对海外华侨、华人交谈时，使用乡音会使他们感到更亲切。例如，对那些祖籍福建、会讲福建话的华侨投资者、旅游者，选择用英语、普通话还是闽南话与之交谈，彼此间的情感距离是不一样的，交流的效果也会大有差异。

（三）译员的使用

在涉外交流中，恰当地选择和使用译员能够提高与对方进行交往的能力，选择和使用不当，可能事倍功半，甚至会铸成难以预料的大错。由于文化与语言是互相联系的，因而称职的译员不仅需要对双方语言有高水平的掌握，而且对双方国家有深厚的知识储备和高水平的文化修养。最理想的情况是选用这样两位译员：一位来自甲文化，并且在乙文化中生活过；另一位来自乙文化，并在甲文化中生活过。经过这样两位译员共同认定的译文会更忠实、准确。

恰当地使用口头译员，处理好讲话者与译员、译员与听者之间的关系是很有必要的。译员工作相当复杂，因而很难做到完美无缺。他不仅用耳听，用脑想，用眼观察讲话者表情、手势等非语言信息，有时还要用手做记录。讲话者说出第一句话时，他必须听清这句话；讲话者说出第二句话时，他不仅要翻译第一句话，还要听清第二句话；然后，当第三句话正在说时，他必须记住第一句话，翻译第二句话，听清第三句话。这一程序不断进行，贯穿于过程的始终。另外，译员不仅要记住刚刚听说的内容，而且要记住几分钟以前双方交谈的内容，因为对于刚出口的话的翻译可能与前面所讲的话有关联。善于与译员配合，可以使会谈变得容易得多。事前与译员会面，通报一下所要交谈的关键问题，或把准备使用的讲稿或有关的典故、成语、数字等关键词给译员看一看，无疑会减轻译员的心理压力和工作强度，提高翻译质量。

在实际的交谈过程中，适当地掌握谈话速度，对关键词加倍注意，会提高翻译质量。1946 年，毛泽东与安娜·路易斯·斯特朗进行的著名谈话中，毛泽东把帝国主义和一切反动派比喻成纸老虎（paper tiger）。当时，译员把纸老虎翻成“稻草人”（scarecrow），毛泽东为了慎重起见，问及了纸老虎的英语译法，然后把“稻草人”改为“纸老虎”，并说，纸老虎不是用来吓唬乌鸦的，而是用来吓唬孩子的，它看上去像是一只可怕的老虎，但实际上却是用硬纸板做成的，一遇到潮湿就变软了，一场大雨就给冲走了，讲明了“稻草人”和“纸老虎”的不同。毛泽东注意了关键词的翻译，从而使自己的重要观点通过美国记者更准确地用英语向世界表达出去。

在涉外交流中，善于与译员进行默契的配合，保持友好的关系，就可以减少语言上的障碍，把交谈者双方的信息完整、准确地传达给双方，这也是进行有效交流的关键之一。

第三节 非语言符号系统

一、非语言语概述

人们在交流过程中，除使用语言符号外，还会使用非语言符号，简称非语言语。人类使用非语言语进行交流的历史比使用语言交流的历史要古老得多，当人类还处于类人猿阶段就开始了。

实际生活中，人们仍然在大量使用非语言语进行交流。例如，作报告时，可以从听众的不同表情了解他们对报告的不同态度——聚精会神表示感兴趣，无精打采表示无兴趣，点头微笑表示同意，撇嘴摇头表示不同意……除此之外，最典型的就属哑剧了，没有对话，没有歌唱，而只有动作、表情、道具、背景、灯光、音乐等非语言语来表达剧情。

虽然人们自古以来都会在交谈中察言观色，但是作为研究非语言语同人际交流之间关系的一门学科，其历史并不长。英国生物学家达尔文（Charles Robert Darwin）在 1872 年发表《人类和动物的情感表达》，创造了一种至今仍在广泛应用的研究方法，即把人类的非语言语交流与动物的表达方式联系起来进行考察，以探索生物进化的发展进程。将非语言语交流与人际关系结合起来的研究始于 1952 年伯德惠斯特（R. L. Birdwhistell）所著的《举止神态学概论》一书的出版。此后，霍尔从 1959 年至 1983 年之间先后出版了《无声的语言》、《隐蔽的尺度》、《超越文化》、《生活舞蹈》等著作，把涉外交流中的非语言语研究大大向前推进了一步，促进了动物学、心理学、社会学和人类学等学科对这一问题的研究。现在非语言语交流作为一门学科的独立地位已基本确立，从达尔文开始，非语言语的研究发展大致如图 4-2 所示。

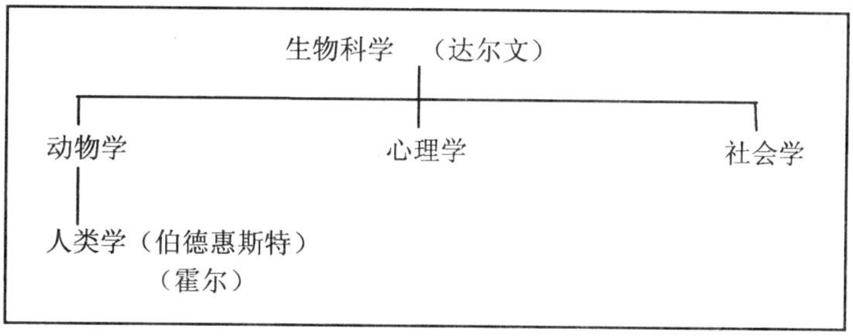

图 4-2 非语言语的研究发展简史

（一）非语言语的成分

非语言语的概念界定如同文化的定义一样，也是众说纷纭。在本书中，非语言语指的是在交流环境中除去语言刺激以外的一切由人类和环境所产生的刺激、这些刺激对于交流的双方都具有潜在的信息价值。或者说，非语言语是人类在语言之外进行交流的所有符号。

据学者科恩顿（Johe C. Condon）统计，非语言语交流学的研究对象有20多种。巴博（L. Barber）和科理斯（N. Collins）认为非语言语有18种，从涉外交流学的角度分类如图4-3所示。

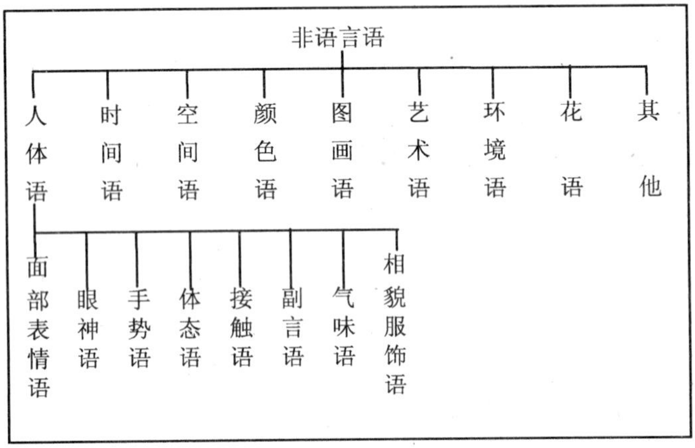

图4-3 非语言语分类示意图

（1）人体语。用人体发送出的非语言语信息符号称为人体语。人体语是非语言语中内容最丰富的一种，它又细分为：面部表情语、眼神语、手势语、体态语（站、立、走、蹲的姿势）、身体接触语、副言语、气味语、相貌服饰语。其中，副言语指的是声调的高低、音量的强弱、语速的快慢、讲话的停顿等。相貌服饰语是指人们的相貌、衣着、首饰、发式、化妆，以及个人用品发出的非语言信息。衣着饰物和人体的关系比较密切，所以把它归入人体语的范围。

（2）时间语。用时间表达出的信息符号称为时间语。它研究的是人们对准时、及时、延时，时间的早、晚、长、短，过去、现在、将来等概念的理解。

（3）空间语。用空间表达出的信息符号称为空间语，它研究的是交流者之间的距离、位置的安排等方面。

（4）颜色语。用颜色表达出的信息符号称为颜色语。

（5）艺术语。即音乐、舞蹈、雕塑、建筑等可以交流传息的艺术形式。音乐可以交流人们的思想感情，例如，俞伯牙和钟子期通过琴声成为知音。从涉外交流的角度看，不同文化对音乐语的感悟也不同。其他艺术形式也是如此。

（6）图画语。用图画表达出的信息符号称为图画语。

（7）环境语。用环境表达出的信息符号称为环境语，包括场合、室内装饰、温度、光线等。

（8）其他。指其他与涉外交流关系不大的非语言语方面。

（二）非语言语的功能

1. 非语言语可以单独使用。这时它大致有以下功能：

（1）表达情感。一个人悲伤时痛哭流涕，有难事时愁眉不展，高兴时手舞足蹈。

（2）代替语言。老王在会场上看见好友小孙进入会场，老王向小孙招手，小孙看见了，也向老王挥手。老王用手指指身旁的空位，小孙点点头。这些非语言语实际上表达了以下语言：老王："小孙，你好！"小孙："老王，你好！"老王："小孙，这里有空位，这边坐。"小孙："好。"

（3）发送关于个人的一些信息。一个人的穿着打扮，无疑会给人某些关于其身份背景、性格偏好等信息。

（4）礼仪与宗教仪式。例如，基督教徒画十字，佛教徒合掌，伊斯兰教徒用手干洗脸。

2. 非语言语可以和语言语混搭使用。这时大致有以下功能：

（1）强调。当我们非常感谢某位朋友，嘴上说着"非常感谢"的同时，上前紧握其双手，这就是一种强调作用。

（2）重复。天安门广场上的一位游客，向我们询问前门的位置，我们在回答"南方"的同时，用手指向南方，这就是重复作用。

（3）补充。小王向朋友介绍说"我儿子现在比我高了"的同时，把手举过头上一寸多高，这就是补充作用。有时，还会运用非语言语给语言加上新的信息。例如，在说"我同意"时是哭着说还是笑着说，是眉飞色舞还是愁眉苦脸……其中包含的内容差异是相当大的。

（三）非语言语交流与语言语交流的关系

非语言语交流和语言语交流各有其作用，在交流中特别是人际交流中往往是相互补充的。有研究表明，当语言和副语言不一致时，对方主要依赖于副语言信息；当副语言和面部表情不一致时，则主要依赖于面部表情。

还有人主张，各种人际交往都是多种因素相互作用的结果。语言交流和非语言语交流都很重要，只是由于交流情境等原因，有时是非语言语交流显得更重要一些，有时则是语言交流显得更重要一些。

（四）几个需要注意的问题

在了解涉外交流中非语言语的差异后，还应该注意以下几个问题：

1. 防止简单化

各个国家和各个地区的文化都是指主流文化，实际上其内部还有许许多多的亚文化。即使身处主流文化之中，由于受教育程度、经济地位、职业、性别、宗教信仰、所在地区的不同，每个人的非语言文化程度也会有差异。一位了解中国文化的汉学家与一位对中国文化知之甚少的物理学家在同中国人交流时，其非语言的使用无疑会有很大差别。

2. 不应过分夸大差异

不同文化中非语言语的区别很大，但也还有许多相似相通之处，不应过分夸大到不适当的程度。卓别林的表演能被全世界的人民所欣赏就是明证。

3. 不同的非语言语都应受到尊重

无论是本国还是外国，无论是发达国家还是发展中国家，无论是东方文化还是西方文化，其非语言都应得到尊重，每个人都可以用自己文化的非语言去进行交流。

4. 非语言语是发展变化的

文化在发展变化，非语言语也在发展变化，特别是在大众传播媒介如此发达、国际交流如此广泛的今天，人们吸收一些外来词汇来丰富自己的非语言语是常事。握手，对我国来说，就是一个外来词汇；现在普遍用“V”形手势表示成功和胜利，这在以前是不能为中国人所理解的。

5. 注意与语言等信息进行印证

进行交流过程中，有时语言和身体语所表达的意思不一致，因此，对非语言信息和语言信息要综合考虑，有时还要借助其他信息去互相印证，放在一定的情境中去理解，不要单一地相信语言或非语言。

二、人体语

人们用身体的各个部分，如头、眼、嘴、颈、手、肩、胸、腰、背、臀、腿、脚等部位单独或配合做出多种动作，或对人体加以打扮，来表达一定的信息，这就是人体语。人体语具有丰富的表达能力，人体的各种动作构成数目巨大的非语言语“词汇”。

（一）人体语的性质

1. 人体语既有生物性又有社会性，语言只有社会性

表情和眼神等人体语既具有人的生物性，又具有人的社会性，而语言只

具有人的社会性。人体的动作带有生物的特征，无论何种文化的人都会高兴时笑、伤心时哭。人在忧伤和喜悦时，瞳孔的大小会发生变化。在害怕时，四肢和面部肌肉会抽搐，心脏的供血状况会发生变化，语音会失常。当一位胆小的男青年和他的恋人在树林里漫步时，突然遇到一只豹子，尽管男青年竭力装出不害怕的样子，但是还会双手哆嗦，双腿打战。人的非语言语又带有社会性，美国人无论男女见到陌生人常常给予微笑，以示友好。阿拉伯人则认为，若一陌生女子对男子微笑，那么这个女子不是精神有问题就是品行不端。而语言只是一种社会现象，它的一套语音、语词和语法的规则由一定的社会群体约定俗成。

2. 人体语的真实性大于语言

人体语的真实性大于语言。由于人体语具有生物性，所以它是常人的意志难以控制的、下意识的行为。例如，人的眼神真实性大。眼睛与大脑的关系密切，眼睛是人脑思维活动的窗口。人们说话可以口是心非，人的有声语言不一定都是思维的真实反映，其真实性是与每个人的道德品质或某些需要相关。可常人眼睛所表达出来的信号却无法“眼是心非”。一些商人熟谙此道，在做生意时，他们会从顾客眼神的变化来判断顾客对生意的兴趣程度。经验丰富的警察，可以从人群中通过观察人的神态举止去识别小偷。不过，受过专门训练的人，如演员，可以表演出各种人物的表情，那他们身体语言的真实性就要大打折扣了。

3. 不同文化中人体语的共性大于语言

非语言语的直观性和生物性在不同文化中存在着许多相同的地方。美国科学家保罗（Ekman Paul）发现，像生气、害怕、惊奇、难过、失望、快乐等由面部肌肉的松弛或收缩组成的可见的面部变化类型，对于所有人类都是一样的，只是表现的程度和时机略有不同。卓别林在无声电影中的精彩表演受到各国人民的广泛欢迎，说明他的非语言语得到了基本理解。非语言语在异文化中有一定程度的共享性。哥伦布首次到达新大陆时，翻译在陌生的印第安人面前无能为力，彼此语言完全不通，正是通过手势表情进行交流，哥伦布一行才免于一死。

索赫若（K. R. Soherer）和他的同事进行过两项研究。第一项研究是在8个欧洲国家进行的，采用随意回答的问卷来确定被调查者关于高兴、悲伤、气愤和恐惧等4种情感的体验，一共回收1415份问卷。第二项研究是在世界五大洲30多个国家进行的，使用的是固定选择的问卷，以确定被调查者关于这些情感的体验。研究结果表明：在上述情感方面，人类具有共同性；同时，文化对这些情感产生了影响，在不同的文化中表现出了不少特性。①

(1) 不同文化中情感的共性主要表现在以下三个方面：

第一，不同文化人群情感引起的原因相同。

第二，情感表现的特征相似（表 4-5）。

表 4-5 情感表现特征对比表

情感特征	欧洲	全世界
频　率	气愤=高兴>恐惧=悲伤	气愤>内疚>厌烦=高兴>羞耻=悲伤>恐惧
感受到的强弱程度	高兴=悲伤>恐惧=气愤	悲伤>高兴=恐惧>气愤>厌烦>羞耻=内疚
持续时间	悲伤=高兴>气愤>恐惧	悲伤>高兴>内疚>气愤>羞耻>厌烦=恐惧
控制程度	气愤=悲伤=恐惧>高兴	羞耻>内疚>悲伤=恐惧>厌烦>气愤>高兴

第三，语言和非语言言语的反应和生理症状相似（表 4-6）。

表 4-6 语言和非语言言语的反应和生理症状对比表

	高兴	悲伤	恐惧	气愤	厌烦	羞耻
非语言语	笑 向对方靠近	哭 声音改变 撤离现场	尖叫 举动生硬 扭脸	面部表情 尖叫 声音改变 手势改变 举止粗暴 扭脸	面部表情 扭脸	笑 离开现场
语言语	话多 语调改变 频率变化	沉默不语	话短 语调改变	话多 语调改变 频率变化 语无伦次	话短	语无伦次

① Hall, Edward T. The Silent Language. New York: Fawcett Publications, 1959, p. 10.

续表

	高兴	悲伤	恐惧	气愤	厌烦	羞耻
生理症状	感到温暖 肌肉放松	咽喉哽塞 身上发冷 肌肉放松	咽喉哽塞 呼吸改变 胃疼 身上发冷 心跳加快 肌肉紧张 出汗	呼吸改变 身上发热 心跳加快 肌肉紧张		身上发热 出汗

（2）不同文化中情感的差异表现在以下几个方面：

第一，情感诱因有差异。家庭成员的诞生、身体上的愉悦，成为美国人和欧洲人高兴的诱因要高于日本人。世界新闻、与家人的分离、死亡成为欧美人悲伤的诱因要高于日本人，而人际关系成为日本人悲伤的诱因要高于欧美人。害怕陌生人、害怕冒险环境，成为欧美人恐惧的诱因要高于日本人；而人际关系成为日本人恐惧的诱因则要高于欧美人。

第二，情感表现的特征有差异。美国人情感表现的强度要比欧洲人和日本人大，持续的时间要长。

第三，语言语、非语言语的反应和生理症状上有差异。美国人语言语、非语言语的反应以及生理症状的反应要比日本人强。比如，日本人在高兴、害怕、生气时其血压变化要比美国人的小。

4. 人体语与语言的表现力不同

人体语在表现感情上比语言更富有表现力。人们常说，激动的心情难以言表，然而在传达非感情的信息方面，例如在表述哲学理论上，非语言语则无法同话言相提并论。

5. 人体语的传递有多种渠道

听一席话，要逐字逐句听；读一篇文章，也只能逐字逐句读。而人体语的信息可以在同一时间“刺激”一个人的视觉、听觉、触觉和味觉等器官。运用非语言语进行交流时，可以用脸、手、足、身等多种动作同时表达同一信息。可见，人体语的传递渠道多于语言语。

6. 人体语的交流具有连续性

两个人面对面地在一起，就无法不用非语言语相互交流信息，整个交流过程是连续不断的。交流的任何一方无论是兴高采烈还是沉默不语，都是在不停顿地传递信息。而语言的信息交流则是由可分离的部分构成。一番话说完了，听完了，两个人语言的信息交流过程就结束了。例如，小李和小王进行了20分钟的交流，前10分钟他们彼此交谈，后10分钟他们彼此默默不语，你看看我，我看看我，最后分手了。在这20分钟的交流中，语言交流只占一半时间，而非语言语的交流却从未间断，是从始至终的。

（二）面部表情

面部表情是身体语的重要方面。世界各种文化的面部表情既有共性又有个性。一方面，由于生理原因，不同文化的人在高兴时，脸上一般都会产生出解剖学上的类似表情“笑”。同理，喜怒哀乐都有类似的面部表情，这是共性。另一方面，有些表情方式则因文化不同而不同，这是个性。比如，咂嘴在英国文化中表示没有滋味，而在许多地中海地区则是过分夸大痛苦和悲伤的表情。同在中国，汉族人伸舌头表示不好意思，而藏族人以此表示对异性陌生客人的礼貌。美国儿童伸出舌头表示蔑视、嘲笑或反抗，而斯里兰卡的驱魔舞面具通常是拖着一根长舌头，以丑陋的形象吓走魔鬼。日本人认为扬眉是轻佻的、不庄重的；在欧洲中部地区，扬眉通常是向亲人、好友打招呼的方式之一；在玻利尼西亚，扬眉表示“是的”、“好的”的意思；还有一些地区扬眉注视对方也有“你刚才说了什么?”的意思。

不同文化的面部表情在表现多寡上不同。美国家长鼓励孩子表现自己，使他们逐步形成外向开朗和面部表情丰富的特点；但在中国和日本，人们在儿童时代就被家长告知不要那么外露，在公共场所大笑大叫相互触摸是不雅的交流方式，因而他们大都具有内向含蓄的特点。

不同文化的人们即使内心感受是相同的，也可能显示出不同的面部表情。曾有人做过一个试验，让不同文化背景的人通过面部表情和声音的暗示，来破译不同文化人员的表情所包含的内容，其准确度以百分数表示，结果如表4-7所示。

表4-7 不同文化背景交流人内心感受百分比例表 （单位:%）

判断者＼表演者	英国人	意大利人	日本人	平均值
英国人	60.5	55	36	50
意大利人	52	61.5	29	47
日本人	54	56	43	51
平均值	56	57	36	

由表4-7中可见，作为判断者的日本人，在破译英国人、意大利人的表情时，要比破译本国人的表情还容易。可能是因为日本人禁止使用贬义的面部表情，日本人的微笑和点头并不一定表示快乐和友谊，可以表示害羞、尴尬、不舒服和惊奇等多种感情，甚至也可以用笑来表示悲痛和厌恶。日本人的微笑很费解，这在世界上是闻名的。中国人的面部表情虽不如日本人那样含蓄，但是比起西方文化来，也属于感情不太外露的文化，中国“保留面子”的概念就是这种态度的一种体现。

（三）目光接触与凝视

在交流中人们可以运用目光接触与避开、眼睛睁开的大小、目光接触时间的长短、凝视、视线的控制、眼光的抬高和低垂、闭上眼睛等方式传递出多种信息，即通俗地说人的眼睛会说话。人们可以用目光接触表示爱和喜欢（含情脉脉的秋波），也可以表示敌意（如刀似剑的寒光）。目光接触能表达完全相反的含义——友爱和敌意、幸福和痛苦。有时人们避免目光接触，如在报告坏消息或痛苦的事，或者是害羞、恐惧、说谎的时候。延续时间长的注视就是凝视，长时间的凝视能引起生理和情绪的紧张。当然，每个人眼睛的表达能力也是不同的。

在不同的文化中，目光运用的方法及表达的内涵也有差异。交谈中，阿拉伯人和拉美人的目光接触多于西欧和北美人，北欧人、印度人、中国人、日本人、朝鲜人、韩国人、印度尼西亚人和墨西哥乡下人的目光接触少于西欧和北美人，南美印第安人的维图托部族和博罗罗部族在讲话时习惯于眼睛看着不同方向，肯尼亚卢奥族的岳母和女婿在谈话时必须转过身去或者盯视着其他物体。日本人的目光一般落在对方的颈部，使对方的脸部和双眼映入自己眼帘的外缘，因为他们认为眼对眼谈话是一种失礼行为。美国人和西欧人则认为，相识的人谈话时应保持适当的眼神接触，避开眼神接触的人被认为是不友好、害怕对方、心不在焉、漠不关心、感到内疚、对话题不感兴趣、要求改变话题、不诚实可信，甚至是诡诈。英美人有句格言：“不要相信不敢直视你的人。”当然，眼神接触要适当，倘若死盯着对方一次达10秒以上，也会使对方感到很不自在。法国人、意大利人和英国人的目光接触比美国人的多些。受过教育的英国人一般对讲话人给予密切的注视，表示在倾听对方发言，还时常眨眨眼睛，表明自己听懂了。英美人在讲话和讲演时，常用目光与听众进行交流，而中国人的目光交流却大大少于英美人。英美人在向中国人演讲时，常用目光巡视听众，中国人却常避开目光交流，这使讲演者产生误会，认为听众对讲演不感兴趣或拒而不听。中国人在演讲的时候，时常埋头看讲稿，照本宣科，而不抬头看听众进行“目光交流”，西方听众就会认为他对听众冷漠，不尊重他人。阿拉伯人说话时几乎是目不转睛地直视对方眼睛，因为他们认为紧紧地凝视对方的眼睛才能够领会对方的心灵。他们习惯在交谈时注视对方的眼睛，以至于对肩并肩地边走边谈都感到不舒服，很可能会急走到对方面前进行面对面地交谈。

有些文化中，性别差异也影响着眼睛的动作。在中国，女子若用眼睛直勾勾地看着男子被认为是不稳重的表现；男子若是直愣愣地看着女子，也被认为是失礼，女子常因对方的审视目光感到浑身不自在。在一些亚洲国家里，家长从小就教育女孩不要凝视男人和长辈的眼睛。一位到美国留学的印尼女学生说，对她来讲，在课堂上发言最困难的是学会看着她的听众。此外，一些亚洲国家的男子一般也不直接凝视女子，否则被认为是不自重。而在法国，男子在公共场合凝视妇女却是公认的文化习惯，这种习惯连美国妇女都会感到不舒服。在美国，同性别的人如果长时间的凝视，则被认为是同性恋在传递要求对方接近的信号。

有的眼睛动作在另一种文化中是没有。例如，美国文化中，有一种“眨眼”——很快地合上一只眼微微一笑点点头，表示会意、赞许、鼓励、传递信息，而在中国文化里似乎并没有这种动作。

（四）手势语

手和手臂相互配合，会产生多种姿态，形成丰富的非语言词汇。手势语的“构词”方法大致分为三种：一种是模仿型，即用手势模仿一种物体或动作。比如，中国人用手掌侧面作抹脖子状，表明是杀头；美国人用一根手指指太阳穴，意指用手枪自杀。这种类型的手势由于形象生动，容易被人识别，不易被误解。第二种是代表型，即用一个姿势代表一个含义，比如，伸大拇指。这种类型中，其姿势代表的含义是随意的，因而在涉外交流中容易引起误会。第三种是指挥型手势，例如唱歌时打拍子。

大多数手势语是在一定的文化环境里学会的，不同文化的手势语区别较大。

在表现对象上，美国人的手势大部分用来表示动作，犹太人的手势大部分用作强调的手段，德国人常用手势来表示态度和评价，法国人的手势常用来表示一种风度和克制，意大利人常用手势来帮助描述复杂的空间概念。

在使用频率上，美国人和北欧人把多次使用手势和用力使用手势的人看做是过分感情用事、不成熟或性情有些粗鲁的人，因此他们对手势的使用相当节制。中东、南欧和南美人很喜欢手势，而且经常使用。西欧流行的一句谚语说，“意大利人的双臂若被截去，那就宁愿以哑巴自居”，充分体现了意大利人的手势与讲话之间的密切关系。中东的阿拉伯人用手势表达思想感情的能力也是相当强的；但是，玻利维亚的印第安人就很少用手势，这可能与当地的气候较凉有关，他们常把手放在披肩下或裹身的毡子里，而用面部和眼神表达意思。英国心理学家麦克·阿尔其曾对各国的手势语进行过调查，他发现在一个小时的说话中，意大利人做手势 80 次，法国人 120 次，墨西哥人 180 次，芬兰人只有 1 次。

下面介绍几种常见的、表现形式相同但在不同文化中含义不同的手势。

（1）“O”形手势。手心向外，拇指尖和食指尖相接触，形成“O”形，其余三指自然伸开。这种手势在中国用来表示数字“零”，老师向学生做这一手势，表示学生考了个“大鸭蛋”；在英美等国表示英语的“OK”，即“可以，好了”的意思。但是，该手势在世界某些地区还有其他的含义，对一部分法国人意味着零或没有；对日本人还意味着钱；对巴西人意味着猥亵；一些地中海国家的人用它表示一个男人是同性恋，有时用来暗示肛门；在一些阿拉伯人中，这种手势常伴随咬牙的动作，表示深恶痛绝；这个手势在俄罗斯也有不好的含义，不能在酒吧里使用；对突尼斯人来说，这个手势意味着“我要杀了你”。

（2）“V”形手势。手心向外，食指和中指向上自然伸开形成“V”字形，无名指和小指自然向下弯曲与拇指相接。这一手势在中国表示数字“2”。第二次世界大战中，英国首相丘吉尔推广了这一手势，表示胜利：“V”是英语 victory（胜利）的字头。英美等国及非洲大多数地区用它来表示胜利。但是，如果做这一手势时手心向内，在英国、澳大利亚和新西兰则表示猥亵的侮辱人的意思。

（3）手心向外五指伸开。在中国，这是表示数字“5”的手势，但也常用这一手势打招呼，表示欢迎、欢送和告别；人们在谢绝朋友送行时，也用这一手势，请送行者留步。在英美等国也常用它来打招呼，但它在希腊则是一种侮辱人的手势。这一手势来自希腊古代，当时在押解犯人穿过大街时，沿街的居民把脏东西往犯人脸上扔，以后便逐渐用上述的手势代替了扔脏东西。

（4）跷大拇指。在中国，跷大拇指表示赞扬；在美国和加拿大，大拇指向上跷起表示赞成和满意，向下表示反对和不满；在希腊，急剧跷起大拇指表示“激进”；马来人认为大拇指表示不吉利和罪恶；在日本，大拇指表示老爷子；在英国则是路边的人用来请求搭车的信号。

在中国，小拇指则表示一点点或蔑视的意思，日本的小拇指则表示情人。在表示数字时，意大利人用大拇指表示“1”，食指表示“2”；而大多数美国、英国和澳大利亚人用食指表示“1”，大拇指代表“5”。

（5）鼓掌。在阿拉伯和一些讲西班牙语的国家和地区流行着一种用指甲“鼓掌”的手势，用以对讲话人的蔑视，是一种鼓倒掌；而在巴拿马这是无声的鼓掌，不含有任何讽刺和嘲笑的意思；在英国，讽刺性的鼓掌是有气无力地将双手相拍，不带任何声响；而在俄罗斯慢慢的鼓掌，不仅不是讽刺，还是对讲演人或演员的高度赞赏；在中国，掌声既可以表示赞同又可以表示讽刺，这要视情况而定——一场讲演在话音结束时的掌声表示赞赏，而在讲话中间话音未落就响起七零八落的掌声则是对讲话人的嘲笑。在中国，当观众、听众鼓掌时，表演者、讲话者也鼓掌，含义是“谢谢”，表示友好的感情；而英美则认为为自己鼓掌是不谦虚的。

（6）握手。当前握手在许多国家成为一种常见的见面礼，但并非一种全球的礼节。如何握手，在同一文化中，长幼之间、上下级之间、男女之间都有不少讲究。当年轻者对年长者、身份低者对身份高者应稍稍欠身，双手握住对方的手，以示尊敬。男士与女士握手时，往往只握一下女士手指部分。握手时，也有先后顺序，应由主人、年长者、身份高者、女士先伸手；客人、年幼者、身份低者、男士见面先问候，待对方伸手后再握。多人同时握手致意不要交叉，待别人握完手后再伸手。握手时，双目注视对方微笑致意，不要看着第三者握手。在握手的方式上，用力过大、软弱无力、用手指尖和用手背握手都是不礼貌的，戴手套握手还表示不欢迎和讨厌与对方握手的意思。男士在握手前，应先脱下手套、摘掉帽子。在不同文化中，握手的应用也有很多差异。在中国，人们在接洽工作、祝贺、感谢、慰问时都习惯握手。而在西方，亲人、熟人之间见面多是拥抱、亲脸、贴面颊等。夫妻之间是拥抱亲吻，父母子女之间是亲脸、亲额头，兄弟、姐妹、平辈亲友之间都是贴面颊。一般在公共场合，关系亲近的女士之间是亲脸，男士之间是抱肩拥抱，男女之间是贴面颊，晚辈对长辈一般亲额头，男士对尊贵的女宾往往亲一下手背或手指以示尊敬。例如，英国人仅仅是在夫妻、情侣谈情说爱以及朋友久别相逢时才握手，其他时候很少与别人握手；法国和意大利人见面时经常相互握手，有时则用拥抱亲吻以表示亲热；在美国一般在经过第三者介绍后，两人才握手；拉美人的握手要比北美人更常见、更有力、更持久。美国人常常在见面时省去握手，作为一种非正式交往的信号，但这在拉美人看来却是失礼的行为。在东欧的一些国家，人们见面不是握手，而是相互拥抱；日本人见面时的一般礼节是相互鞠躬。玻利维亚的一些印第安人，会把对方伸出手的姿势当做想和自己角力的表示，而且会欣然应战。

（7）左手与右手。左、右手在不同文化中有区别，握手当然用右手而不用左手，左右手相比右手为上似乎成为世界各国共同的原则。这种习惯的原因之一是右手代表和平，右手是执握武器的，相互握手自然要把武器放在一边。右手为上还有许多文化上的理由，如在伊斯兰国家和一些东方国家，右手是吃饭用的，左手是解大小便用的，右手是干净的，左手是不干净的，因而用左手把东西交给一位穆斯林就是对他严重的侮辱。右手为上还有宗教上的含义，在基督教的新旧约里右手常与善良、力量、荣誉、安全、愉快、救济等联系起来，在《古兰经》中，右手也常与美好的含义联系在一起，佛教也以右手为荣。自法国大革命以来，出于左派与右派新词的出现，左右的概念有了变化。近几十年来，欧美的年轻一代对左右手的区别已经不那么看重了。

其他的一些手势也常常引起误解，如用手指轻轻敲打或揉捻太阳穴，在中国是表示要仔细考虑考虑或是思考问题，在英国和美国表示“你太愚蠢了”或“你太没意思了”，在荷兰却是夸奖对方聪明的意思。用手势召唤人过来，中国人一般伸出手臂，掌心向下，手上下来回摆动，在地中海许多地区、中东、东亚、南美的人们也是如此；但这一手势却常使北美人迷惑不解，因为这种手势恰恰类似他们和朋友告别的手势，北美人召唤别人过来的手势是伸出手臂，掌心向上，来回曲动食指或5个手指，这个手势中国人虽然也明白其含义，却仍感到它有一种不尊重人的意味。

由于手势语的同一词汇在不同的文化中常有歧义，为避免误会，在交流中使用要慎重，最好同时与语言并用。

（五）体态语

1. 坐、走、蹲

（1）坐。中国人认为坐有坐相，站有站相，应该“坐如钟，站如松”；在德国等许多欧洲国家中，对坐姿要求较严，懒散的姿态是一种唐突无理和粗俗的举止；美国人在自己家里和私人办公室里非常随便，经常大大咧咧地坐在椅子里，有时甚至把双脚放在桌子上，美国人还常坐在地毯上，站着的姿势也常是松松散散；美国人常把脚踝架在另一只大腿上，形成“4”字形，这是美国人典型的架腿方式，而这种姿势在朝鲜和韩国是一种禁忌。一些美国人来到中国后，有时坐在没铺地毯的地板上，这在中国人看来有点不讲卫生；中国人要坐在地板上之前，一般都垫上一条手绢或一张纸，这种习惯在美国人看来也不讲卫生，因为他们认为手绢是擦脸而不是擦地板的，纸也不应该到处乱丢。传统的日本、朝鲜和韩国的起居室里没有椅子，因而这些民族的人们有其特殊的坐姿。

（2）走。职业、年龄、性别不同，走路姿势会有所差异。例如，军人和服装模特的走路姿势就有显著差别。文化的不同对走路姿势也会有影响。日本女性走路的步子碎且小，被认为表示谦恭；美国女性走路步子迈得大，腰杆挺得直，在东方人看来她们大胆泼辣。美国的白人青年步伐轻快，黑人青年则缓缓漫步。

（3）蹲。蹲的姿势也反映出文化上的不同。在中国农村，蹲的姿势很常见，特别是在山西和陕西的农村，有的农民吃饭时宁愿蹲着也不坐着。在美国，人们很少蹲着，因为大多数公共场所都常备供人就座的地方。美国人认为在公共场所蹲着有失文雅。在墨西哥，蹲也是农村中常见的姿势。美国边境巡逻队就利用这种差异，开着飞机在美墨边境地区低空飞行，推断那些蹲着的野营群体是非法入境者。

2. 身体接触

（1）接触文化与不爱接触的文化。在一些文化里，身体接触如展臂拥抱、臂靠臂、手搀手、头碰头等，广泛应用，被称为“接触文化”，阿拉伯、拉美、南欧、犹太人和一些非洲国家的文化也属于“接触文化”。阿拉伯人喜欢相互触摸，甚至用鼻子嗅同伴身上的气味。在英国、美国、中国、日本、朝鲜和韩国等国家，一般朋友之间在公开场合很少进行身体接触，属于“不爱接触的文化”。不过中国和日本由于交通工具紧张，人们习惯于挤公共汽车和地铁。中国人和日本人可以在公共汽车、地铁车厢里与毫不相识的人眼鼻相对，紧紧贴在一起，并不在意，而英美人对此却无法忍受。

中国和美国虽然都属于“不爱接触的文化”，但也有不同。在美国，夫妻、情侣在公开场合可以亲吻、拥抱，这种接触在中国则难以接受。在中国，成年的同性人可以在公开场合接触，这又是英美人难以接受的。中国成年人喜欢触摸儿童，但这种身体语使美国人感到不舒服。不论是摸摸、拍拍、搂搂、抱抱或是亲亲她们的婴儿或小孩，都使西方母亲感到别扭，她们知道这种动作只是表示亲近和喜爱，并无恶意，但在她们自己的文化中，这种爱抚的接触却是无礼的行为。

（2）接触的部位。各种文化还确定了哪些身体部位是可以接触的，哪些是不可以接触的。在中国和其他一些国家，用手轻轻拍拍小孩的头，表示亲热和赞扬；但在马来西亚和一些阿拉伯国家，头被看做是知识和精神力量的所在地，是神圣而不可触及的，而肩部是接触中的满意部位。

（3）接触与性别。不同的文化对性别间的接触也有区别。在中国的舞会上，一对男朋友或一对女朋友在翩翩起舞，大家认为很自然；在美国等西方国家，这样做就会被视为同性恋。在英语国家，人们一过童年期，同性的人就不应该两个人手拉手或者一个人搭着另一个人的肩膀走路，否则就有同性恋之嫌。

（4）当众亲吻。公开场合中，接吻在传统东方文化中很不常见，一般只是对10岁以下的儿童和婴儿有亲吻的动作；而西方，异性男女亲吻却是很常见的表示友谊、爱情或礼仪的形式。

（5）当众拥抱。在许多国家里，两个妇女见面搂抱亲吻是很普遍的情况，但两位男士见面是否拥抱则视各国情况而不同。阿拉伯人、法国人、俄国人，以及在东欧国家、地中海沿岸的一些国家、拉丁美洲一些国家中，两个男士见面用热烈拥抱、亲吻双颊的方式表示欢迎；在东亚国家和英美等国，两个男人见面很少拥抱，一般只以握手来表示欢迎。

（六）副言语

人们在谈话时，不仅通过口头语和身体语，还通过发声的质量来传达信息。这些伴随着语言的声音信息被称为副言语（也可称为副语言语、亚语言语）。通过下面的例子，我们可以感受到副言语在交流中的作用。

在语调上：我明天乘车去看你。（陈述事实）
　　　　　我明天乘车去看你？（表示疑问）
　　　　　我明天乘车去看你！（表示激动）

在强调的词汇上：<u>我</u>明天乘车去看你。（下划线表示在该句话中强调的词汇）
　　　　　　　　我明天乘车去看<u>你</u>。
　　　　　　　　我明天乘车去<u>看</u>你。
　　　　　　　　我明天<u>乘车</u>去看你。
　　　　　　　　我<u>明天</u>乘车去看你。

在语气上：我明天乘车去看你。（陈述事实的口气）
　　　　　我明天乘车去看你。（命令式的口气）
　　　　　我明天乘车去看你。（决定式的口气）
　　　　　我明天乘车去看你。（诱惑人的口气）
　　　　　我明天乘车去看你。（阴险的口气）

在这些话中，我们可以看到，人们是通过发声的不同质量，即不同的语音和音调来表达感情和意愿的。进一步讲，发音的质量、强度、音高等方面的不同都可以使一句话的内容增加新的意义。

英美人倾向于抑制打喷嚏、咳嗽、打呵欠、打嗝等，如果发出了这种声音常会说句“对不起（excuse me）”；而中国人对这类声音不太忌讳，但会有意识地控制大笑、大哭等。尽管笑声在所有的文化里都有高兴的意思，但在不同文化和不同情境里也会有不同含义。中国的笑声不光可以表达高兴、满意、愉快、友好的感情，还可以有多种意味，有时甚至表示一种蔑视。例如，谭嗣同的“我自横刀对天笑”，革命烈士陈然在就义前《我的自白书》一文中写道：“对着死亡我放声大笑，魔鬼的宫殿在笑声中动摇；这就是我——一个共产党员的自白，高唱葬歌埋葬蒋家王朝。”中国人的笑有时还有“没关系”、“这是常事”的意思。比如，马路上积雪很滑，有人不小心摔倒，行人报之一笑，并无恶意。但这种笑却使西方人迷惑不解，如美国人也许会说：“中国的笑和美国的笑有不同的意思。比如，一个美国人存放自行车时，一不小心自行车倒了，他会因为自己动作不麻利而感到困窘，这时如果旁边的中国人笑起来，他会觉得受到耻笑，非常生气。我还看到在餐厅里发生过类似情况。一个外国人偶然摔了一个碟子，他本来就感到很窘，而在场的中国人却发出笑声，使他更觉得不是滋味，又生气，又反感。”日本人的笑声里包含的意思也很多：不高兴、生气、悲哀、尴尬等。发“嘘”声，在中国表示反对、责骂、轰赶的意思，在英美等国则是要求安静的意思。

在音量上，中国受过教育的女性说话声音一般不大，以示温文尔雅。泰国人、菲律宾人也是如此，讲起话来就像在耳语，以示自己受过教育、气质高贵。但是，阿拉伯人说话的声音很大，认为大声表示真挚和有力量，如果讲话细声细气会显得没有底气。美国人讲话的声音一般比中国人要稍大些，这有时会给人留下生气或不安的印象。

在音调上，很多把英语作为外语的人对英语的语音和语调的特点并不是很清楚，他们因此造成的错误时常给母语为英语的人们引起误会。例如，“我明天乘车去看你”，这句话如果从头到尾都说得语调平平，没有一点起伏，英美人听起来就感到这是一定要这么办或强迫他必须这么干的口气，于是产生反感。

不同的文化对音色也有不同的偏好。中国大众喜欢成年女性的声音清脆响亮，形容女子的笑声常用“银铃般的”一类的修饰语；多数美国人所欣赏的成年女性的声音是比较浑厚的，认为尖声尖气是不成熟的表现。

（七）寂静沉默

寂静和沉默在人们的交流过程中包含有多种多样的程度不同的信息。

如，沉默表示正在思考、无动于衷、压抑、蔑视、不同意、责备、赞成、原谅、谦恭、沉着、允诺、悲伤等意思。寂静和沉默常是人类其他交流方式的补充，而且常常可以反映出那些语言所隐蔽的信息。

寂静和沉默在不同文化中的运用是有差异的。在东方文化中，赋予了寂静和沉默更多的积极意义，而在西方文化中则被赋予了更多的消极意义。中国有古训“非淡泊无以明志，非宁静无以致远”；中国的佛教禅宗主张用静坐打禅来领悟佛家真谛；中国给女孩起名字常用“静”字，很多家长希望女孩能文文静静，不要咋咋呼呼；中国的谚语还告诫人们：“一瓶子不满，半瓶子晃荡。”同样，日本也对寂静和沉默给予了积极意义。例如，日本茶道的根本精神一言以蔽之，即“和敬清寂”四个字。茶道美学的最高境界在于“寂”，即闲寂、幽雅。“知己去欲，凝神沉思”之后达到的心满意足的幽闲境界也是“寂”。在日本，家庭成员相互关系最突出的特点是没有长时间的语言交流，家庭中的问题很少是通过父母与子女之间的公开讨论解决的；相反，谈话多是父母单方面的发话，而子女多保持安静。

阿拉伯文化和西方文化中，对寂静和沉默的看法与此大相径庭。阿拉伯人和希腊人注重朋友之间、家庭成员之间的语言交流，很少出现沉默的现象。在北美和北欧国家，沉默具有阴郁、消极的含义。对于意大利人来说，与朋友交谈是一种能带来乐趣的重要消遣方式，聚会、交流和热闹都是美好生活的标志。

寂静和沉默在文化上的不同也会在涉外交流中产生误解。例如，在交流过程中，中国人对令人发窘或难以回复的问题，会以沉默作答；而英美人则认为沉默是对别人的侮辱，即使答话与对方问话毫不相干，支吾一声也是一种起码应有的礼貌。

（八）气味

气味也是人类交流的符号之一，不同文化的人对人体发出的气味会产生不同的感受。比如，中国人对来自美国的人所发出的气味感到难受，据说这种气味是美国人大量食用肉类所致，信仰伊斯兰教和犹太教的人士对猪肉味反感，许多中国人对羊膻味也难以接受。美国人对自己身体发出的气味都会感到不舒服，所以一早一晚都要洗个澡，妇女们常吃口香糖。中国人对人体发出的气味反感并不那么大，而阿拉伯人认为人体的气味是一个人人体的自然扩展。阿拉伯人在谈话时，不断吸对方的气味，认为这会令人愉快，如果不让对方嗅自己的气味则是对对方的羞辱，美国人与此恰恰相反。对于其他气味，不同文化也有不同的态度。比如，英国人对大蒜味特别反感，英语中有"每天一头蒜，人人避开你"（have a garlic a day，keep everyone away）。中国人，尤其是南方人，对大蒜味的反感程度则不如英国人深。另外，不同文化对香水味也有不同的偏好。

（九）相貌与服饰

无论属于哪种文化，人们对自己的长相、容貌都非常注意。不过，世界各国文化对相貌美的标准既有共性也有个性，各种文化都以五官端正、四肢匀称为美，但差异依然存在。例如，汤加的人以肥为美，缅甸的一个少数民族以妇女的脖子长为美。在美国，人们欣赏个子高挑苗条的女子，而欧洲的一些国家则认为这是种身心都比较孱弱的体型，稍微粗壮的体型会更好。在日本，似乎娇小的女性更具有吸引力。在中国，目前很多人认为妇女双眼皮比单眼皮美，大眼睛比小眼睛美；但在美国一些人看来，单眼皮更具有东方女性美的特征，他们更喜欢单眼皮的丹凤眼。

服装、饰物（戒指、项链、胸花等）也会给人们提供不少非语言信息，以帮助了解隐藏其中的价值观。中国俗话说，"人靠衣装马靠鞍"，变换衣服会改变人的形象。W. 瑟尔伯认为，衣着可以传递出 10 种信息：经济水平、教育水平、社会地位、经济背景、社会背景、教育背景、是否值得信任、是否庸俗、成功水平和道德品质。例如，中山服在我国现代青年看来，有保守、传统的感觉。再如，2014 年 11 月在北京召开的亚太经合组织第二十二次领导人非正式会议上，各成员经济体领导人身着中国式休闲服，以表示这次会议的非正式性质。

在衣着方面不同的文化也有差异。在墨西哥，制服是受大众喜欢的服装，警察、军人、学生等各行各业都乐于穿制服。以色列人出于对德国纳粹的憎恶，对制服非常不喜欢，所以，以色列的士兵时常身着不同式样的服装。在各种文化中，服装对身体部位的遮掩程度也不同，在现代西方文化中，可以裸露的身体部位很多；而在中国文化中，可以裸露的部位要比西方少；在阿拉伯世界里，妇女必须用衣服和面纱遮盖住身体的绝大部分，妇女在公开场合露出双腿就犯了大忌。

三、时间语

世界上不同文化对时间的不同观念，在涉外交流中也会引起误解。

（一）过去、现在和将来时间观念上的差异

不同的文化对过去、现在、将来的侧重点不同，形成三种时间取向，即过去的时间取向、现在的时间取向和将来的时间取向。在中国传统文化中，有重视过去的倾向。孔子主张克己复礼，其时间观念带有较重的向后看的特点，加之中国历史悠久，有着光辉灿烂的文化遗产，使中国传统文化比西方更重视过去，这在祭祖的习俗、对年长者的尊重和对传统的维护等方面都得到了充分体现。

在伊斯兰传统的文化中，人们相信将来的事由真主安拉决定，所以在时间观念上有重视现在的倾向。他们不愿意对将来的事进行预测，认为那是他们控制不了的。土耳其的一句谚语很能说明这一点："今日的鸡蛋要比明日的母鸡强。"菲律宾和拉丁美洲一些国家的人们认为"现在"是最重要的，这些文化比其他文化在对待时间的态度上有更多的随意性和随机性，这种有些骑士风度的满不在乎常使西方人产生误解，把它当做懒惰、效率不高的表现。美洲土著的印第安人认为，他们的行为和作用只是对现在而言，没有过去和未来，他们的语言中甚至没有时间延迟和等待这样的词汇。

美国历史只有 200 多年，美国人西进的开拓精神使他们更注重将来，他们受到的是向未来看的教育。美国人绝不停留在当前的工作上，而是看着下一步的工作。印度教徒和佛教徒也有将来的时间取向，他们把希望寄托在来世。当然，形成这种时间观的原因并不同于美国人。

（二）直线式时间观念与环形时间观念

从另一个角度，我们可以把不同文化对时间的看法区分为直线式时间观念和环形时间观念，如图 4-4 所示。

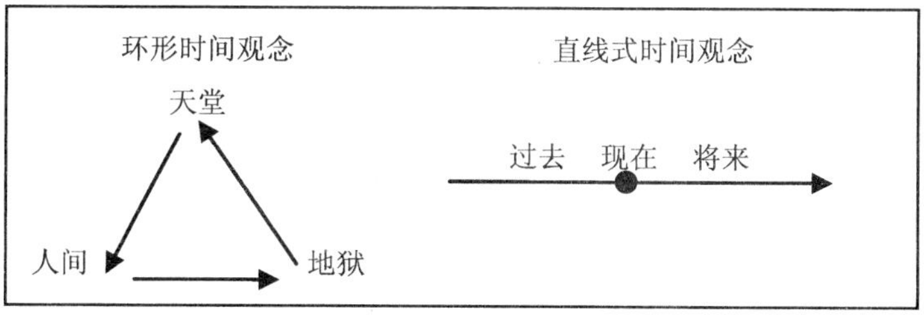

图 4-4 不同文化的时间观念对比示意图

在大多数西方文化中，由于历文传统和基督教的影响，其主流文化是用直线方式来看待时间的，即充分地意识到过去、现在和将来，并且把重点放在将来。英语中，过去、现在、将来 3 种时态的语法表现很明显。西方的纪年方法从公元元年开始，一直向前计数。在西方商品社会中，特别是竞争激烈的当代，时间就是金钱，他们浪费物质却珍惜时间，在时间上精打细算。

他们既不愿意浪费自己的时间，也不愿意浪费别人的时间。他们的生活节奏较快，走路的速度很快，好像后面总有人在追赶。美国的商人和职员把自己的工作时间以 15 分钟为一个时间段写在效率手册上的做法相当普遍。

与直线式时间观念形成鲜明对比的是佛教和印度教文化中的环形时间观念。在佛教徒看来，历史循环式地发展，大约 40 亿年形成一“劫”。每劫始末只是神话传统的再现，即诸神在舞台上将历史重演一遍，有生命的东西会像永远运转的车轮一样，在天堂、人间、地狱内循环转化。受这种环形时间观念的影响，印度文化成为一种历史精神最少的文化。

在中国的传统文化中，直线式时间观念和环形时间观念都存在，但前者占主导地位。儒家文化向来重视历史，主张以史为鉴，通过研究过去，以便指导现在和将来。例如，一套二十四史在世界文明史上是罕见的。子在川上曰：“逝者如斯夫，不舍昼夜。”孔子把时间比作河水，不分昼夜地流逝，体现的就是一种直线式的时间观念。但是，中国的直线式时间观念不如西方强，汉语语法中就没有时态的变化。传统的纪年方法是以皇帝的帝号或庙号计列，比如嘉靖二十六年和道光二十二年，对于不通晓中国历史的人，其时间的前后概念也是很模糊的。另外，佛教轮回转世的思想，其环形时间观念，给中国人也带来了深刻的影响。在《西游记》和《聊斋》等小说中，轮回转世和因果报应的特点就相当明显。在中国长期的封建社会里，农民日出而作，日落而息，周而复始的农业文化其时间观念也不如在工业文化中那么精确。勤俭节约的中国人，在时间上却比西方人慷慨得多。中国人以前的生活方式基本上是慢节奏的，这在客气话中可以寻到其踪迹：“请慢走”、“各位慢饮”。改革开放以来，人们的时间概念正在发生变化，“时间就是效益”等新观念正在深入人心。人们的生活节奏在加快，但与西方相比仍然感觉慢几拍。

(三) 单向时间习惯与多向时间习惯

单向时间习惯是一种强调日程、阶段性和准时性的时间观念。北美、西欧、北欧都是这种单向时间习惯。相应地，多向时间习惯对工作安排不那么固定，时间限制没那么死，时间安排更为随便，更讲人情味。亚洲大部分国家、拉美国家、阿拉伯国家、非洲国家都有这种多向时间习惯。单向时间者对各种会议、面谈等活动都认真准备，这被一些阿拉伯人、亚洲人看做是爱表现自己，有事放不下。而缺乏准备的交往在西方人看来则是懒惰、没有效率、不值得信任。美国人强调认真准备的讲话，把即兴讲话看做是缺乏对听众的尊敬，缺乏内容和条理，是懒人的做法；而在南美、亚洲、中东，即兴讲话更受到人们的欢迎。

事先通知是单向时间习惯的一个重要特点。美国人认为请人吃饭、约会或参加任何一种社会活动都应事先通知，这表明东道主是真心实意地邀请，而不是出于某些原因，临时决定让被邀请者去补个缺。事先不邀请的临时通知常被认为是一种怠慢，实际上，这种临时邀请不管多么诱人，基本上都会被拒绝。但是，在阿拉伯和某些亚洲国家，如果提前通知，被邀请人可能会忘记约会和安排，因此，最后一分钟通知也被认为是真诚的。西方人认为，确定具体时间、地点的邀请才是真正的邀请，只讲“有时间到我家来吃饭”或“什么时间都可以来家里做客”不是一种邀请，而是一种客气话，实际上并不想真的去做，但这话常使亚洲人信以为真。在传统的中国文化中，说“有空到家里来做客”，意思是被邀请的客人任何时候来做客都会受欢迎。人们可以事先没约好就去见一位朋友，而朋友无论多忙一般总会表示欢迎，至少也要谈5分钟。而在美国，没有十分紧急的事，事先不约好就去敲朋友的门是失礼的，主人完全可以把你拒之门外，因为你的到来会打乱他的时间表。

单向时间习惯的另一个重要特点是守时。多次迟到的人被认为是难以信赖的，是对别人不尊重，对事情或是会议不重视，事后还很可能会受到批评和处理。对美国人来说，迟到5分钟必须道歉，如果迟到半个小时，就会被认为是一种严重的失礼行为。在德国和瑞典连吃饭都必须准时。但在一些多向时间习惯的文化中，迟到5分钟只不过小事一桩，甚至认为地位高的重要人物应该晚到，准时来会降低身份。在西方会议上常限制讲话的时间，限讲5分钟就只能讲5分钟，如果超出时间，会被认为是概括能力差、学术水平低。但在多向时间习惯的文化里，讲话超时反而会被认为是有口才。

在交流中说话直截了当是单向时间习惯的又一特点。北美和西欧人认为时间宝贵，讲话简明扼要、直截了当是一个重要优点，反之则被认为是缺乏准备、表达能力差、低效率、假内行。但是，多向时间习惯的人并不那么看重措辞简洁，有时反而把说话简洁解释为“冷冰冰”并带有傲慢的意味。

交流结束时希望有个结果，也是单向时间习惯的特点。美国人在谈话结束时，关心解决问题的最后期限，但没有竞争精神的文化却并不急于看到谈话的结果。比如，一个美国人去修理收音机时，他希望修理行的人给出一个修好收音机的确切时间。如果在阿拉伯国家，确切修好收音机的日期并不会那么准，这要由修理工自己看着办。因此，收音机的主人可能会多次来修理店，看收音机修好没有，并督促修理工，这种做法在美国人看来简直就是浪费宝贵的时间。

四、空间语

空间语是人们利用空间来表达某种信息的无声“语言”。北京故宫太和殿内高高的九龙宝座与地面形成的高低空间感，在无声地告诉人们皇权的至高无上。人们之间的各种空间关系，如高低、前后、左右、疏密、远近、中心、两旁，甚至东西南北的方向等，都包含着一定的意义。

（一）人际活动空间

人们在交流中，身体间的距离远近是空间语的一个重要方面，在涉外交流中，注意这种空间语，会增进交流的和谐效果。

像一个国家拥有自己的领土主权一样，每个人都需要拥有自己的领域，即一个无形的、不允许陌生人侵入的自己身体周边的空间范围圈。这个空间范围圈就是他感到必须与他人保持的间隔距离。个人空间范围圈的大小，不仅与场合、人际关系的密切程度等因素有关，而且因文化不同而有差异。

不同文化背景的人对交流时的间隔距离有不同的偏好。相互交谈过程中，英国人、白种美国人和瑞典人彼此站得最远，意大利人和希腊人站得比较近，南美人、阿拉伯人和巴基斯坦人站得最近，这种差异可能在涉外交流时引起误解。例如，一位美国人准备和一位巴基斯坦人交谈，美国人喜欢站到离对方三四步远的地方，巴基斯坦人感到与对方的距离远、谈话不惬意，想凑近些，美国人则感到距离太近不舒服，想退后些，这使得巴基斯坦人又想往前凑近，这样进行下去可能会把美国人挤到一个墙角。事后，巴基斯坦人会说美国人冷漠、不够友好，美国人也会觉得对方过于亲近和热情。

西方学者研究表明，英国、美国和加拿大白人以及新西兰和澳大利亚的中产阶级的空间范围圈大致相似，并可分为 4 个区域，如图 4-5 所示。

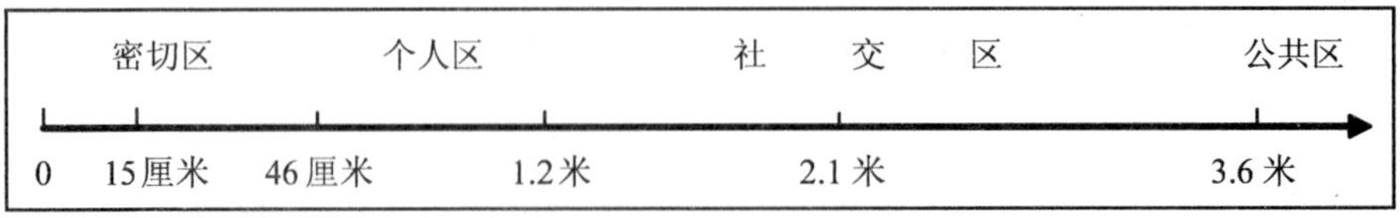

图 4-5　5 国中产阶级交往空间范围图

（1）密切区，又分为 0~15 厘米的最密切和 15~46 厘米的一般密切区。前者为只有当身体接触时人们才能进入的区域，后者为亲人和密友活动的区域。

（2）个人区，为46厘米~1.2米，是办公室开会、社交场合、友谊聚会、鸡尾酒会等场合人们彼此保持的距离。

（3）社交区，又分为1.2~2.1米和2.1~3.6米两个区域，前者为在办公室与同事站着说话的距离；后者为和陌生人保持的距离，以及高级政府官员会谈和较正式的贸易谈判的距离。

（4）公共区，为3.6米以上，是在较宽阔的公共场所人们所保持的距离。

不同文化的上述5个区域的距离可能稍有差，如拉丁美洲的许多国家人们的社交区却是北美人的亲密区。

在涉外交流中，可以用“试探”和“观察”的办法来了解对方习惯的间隔距离。当你试探性地凑近与对方谈话时，注意留心观察，若对方原地不动，就说明距离合适，若对方身体后倾或退后，则说明你侵犯了对方的密切区，应调整彼此间的距离。

不同文化的人对公共场所拥挤的容忍程度也不同。中国、日本和阿拉伯国家，人们可以容忍商店、汽车、火车及餐馆里人挤人的状况，而欧美人则感到很不愉快，难以忍受。

（二）固定空间

固定空间即指建筑物的空间。

1. 空间的形状与布局

一种文化的艺术风格、经济水平、文化价值，决定了建筑物空间的运用。在外观上，中国传统的大屋檐、起脊式的建筑与西欧哥特式尖顶的建筑或伊斯兰式的圆屋顶建筑都有鲜明的文化特色。在内部结构上也是如此，中国传统四合院的建筑布局体现了仁与礼的统一——长辈、尊者居于中轴线的正房，偏房是晚辈和位卑者居住的地方，体现了尊卑长幼有序和名分等级的区别，而尊卑、长幼、主仆、男女又都生活在一起，仁爱之意也得到了很好的体现。在四合院里，房间和房间的相隔并不严密，有时用门帘，不隔音，其内部结构难以保护隐私权。在北京的四合院，几家邻居随时串门，一家来了亲友，邻居们常闯进来攀谈，并把这看做彼此关系亲密无间的表现，西方记者却把这说成“中国居民随时处于邻居的窥伺和居民委员会的严密监视之下”。

日式房屋里房间与房间也并非完全隔绝，而是用活动的纸门或木门隔开。在这种房间里，家庭成员之间的隐私难以存在。日本人的房子通常在一个小小的院落里，用栅栏或篱笆围起，只在院落的大门上通常有“铁将军”把门。这种居住的布局体现了日本重视家庭而不是个人的精神。

欧美式房屋与东方房屋最大的不同在于房间与房间之间完全隔绝。房间就是个人的地盘，即使是父母也无权擅自进入子女的房间，父亲或母亲的书房和工作间亦是如此。这是欧美个人主义价值观的充分体现，这样的房间布局保证了个人“隐私权”，与东方房间的情况形成鲜明对照。

阿拉伯式的房屋格式也有其特点，一个典型的阿拉伯住家通常有一间是专门待客用的，这里集中了家庭里最好的家具和珍贵的摆设，陈列着家庭的荣誉证明如奖牌、奖状、证书等，只有较为亲密的朋友才能在这个客厅中与主人会面。一个人如果能进入这个客厅，那就被视为家庭的一分子，可以不只限于在客厅里活动。

2. 空间的屏障作用

人们常把自己的住宅用栅栏、树丛、篱笆、围墙等围起来，这表明了空间的屏障作用。空间的屏障作用在不同文化中也有不同含义。例如，德国人欣赏个人的幽静，因而认为关上房门是很自然的事情；在美国，在办公室里关上房门就有在里面干什么秘事之嫌，所以进入对外办公的办公室都不必先敲门，否则反而讨嫌，因为办公室里的人认为自己在那里做的都是正大光明的事，没什么可隐瞒的。

3. 空间的大小

在美国，狭小拥挤的办公室表示其主人的地位较低，宽大的办公室表示其主人的地位较高。在一个大房间中如果有许多工作人员，表明这些工作人员的地位较低，如果在这间大屋子中围起一个角，那么其主人的地位就较高，而更高的职员一般有自己单独的工作间。

4. 空间的位置

中国北方的传统建筑也是四合院，其中以北房为上，东厢房为次，西厢房再次，这样就形成了许多中国人喜欢坐北朝南房子的偏好，当然这里也还有自然条件的因素，例如，北京东西长安街路北的新建筑物要比路南的多，但在美国就没有这种概念。

（三）半固定空间

半固定空间指的是房间内可以移动的物体，例如家具和室内陈设的空间安排，这种安排在人们的交流中也包含着某种意义。例如，1968 年越南北方、越南南方西贡政权，以及越南南方民族解放阵线和美国在巴黎举行旨在停止越南战争的和会，就为开会的桌子形状争论了 8 个月。美国和南越西贡方面的代表主张用长方形的桌子，使会谈成为以美国和南越西贡政权为一方、以北越和越南南方民族解放阵线为另一方的双边会谈。越南北方和越南南方民族解放阵线则主张用正方形的桌子，形成四方会谈，意在把越南南方民族解放阵线提高到与其他三方平等的地位。各方争论不休，和会无法开始，致使战火不断，在敌对双方各死伤上千人的8个月之后才达成妥协：用圆形谈判桌，各方可以用自己的方式对圆桌进行解释。可见，半固定空间语的作用不容轻视。

在社会交往中，如何安排和使用空间在不同文化中也有不同。比如，各国给客人安排座位的习惯就各不相同。我国宴会上，按各人的职务排列，以便说话，如果夫人出席，则主宾坐在男主人右上方，其夫人坐在女主人右上方。但是，西方习惯男女穿插安排，以女主人为准，主宾在女主人右上方，主宾夫人在男主人右上方。英国中产阶级的家庭里，当有6~8个客人来做客时，都有给客人安排座位的规矩，美国却没有类似的规矩。英国人到美国人家中做客，看到自己所熟悉的规矩被打破时，很是惊讶。在中国家庭里做客，圆桌吃饭时，如今一般是主宾面朝门的方向，这与欧美不同。

（四）空间的朝向

不同文化对方向也有不同的偏好。例如，在中国汉族的传统文化中，把面南视为至尊，而面北则象征着失败、屈服。男左女右的观念其实就是尊左的反映。而伊斯兰文化中，偏好东南西北哪一方要靠所处的具体地理位置来定。中国的穆斯林偏好西方，因为麦加在中国的西方；摩洛哥的穆斯林偏好东方，因为麦加在摩洛哥的东方。

人们在交流时，双方身体的朝向，在不同文化中有不同偏好。中国人在交流时，熟人喜欢并肩而坐，这样给人以亲切平等的感觉。北美人在交往时，无论谈话还是吃饭，只要是两个人，则总是相对而坐，或呈直角而坐。美国人在集群交往时，倾向于与对面，而非身边的人交谈。叙利亚的男子在晚上谈话时，喜欢面对面地坐在房间的两边，其家具也是依照这种习惯而摆放的。

五、其他非语言语

（一）图画语

图画具有直观、生动、信息量大、吸引人等特点，是非语言语的一个重要方面。一幅图画、一幅摄影作品都会传达出大量的信息，起到语言和文字所起不到的作用。当然，不同文化对图画语有不同偏好。例如，伊斯兰文化喜好花草图案，而不喜欢人物图案。

（二）颜色语

不同文化对颜色有不同偏好。中国人喜欢红色和黄色，西欧人对墨绿反感，伊斯兰教国家则喜欢绿色，非洲人喜欢大红大绿，佛教崇尚黄色，大多数南美洲国家禁忌黑色和紫色。颜色问题在不同文化的人之间也会产生误解。

（三）艺术语

舞蹈、音乐、绘画、雕塑、建筑等艺术形式也传达着非语言信息，是一种文化中非语言语的精华。艺术作品传递的情感信息要比一般的非语言语丰富和深刻得多，因而它是非语言语交流的高级层次。

在不同文化中，这些高层次的非语言语既有共性又有个性，其中差异对顺畅的涉外交流有较大影响。例如，东西方的音乐各具个性，有的甚至彼此难以接受。哀乐在中国人和西方人听起来，都会感觉到悲哀、沉痛。由于审美观的不同，一种文化里被认为是美的东西，在另一种文化里则有可能被认为是丑的。

（四）花语

不同的文化也有不同的花语，这从不同国家有不同的国花可以略窥一斑。因此，在以鲜花作为礼物时，应注意送花对象的风俗。在布置会场摆设的盆花时，也要注意外来客人的文化背景。

第四节 交流者之间的关系

一、交流与交流者掌握彼此符号系统的关系

对两种不同文化背景的符号系统进行转换时，要达到“信、达、雅”，即把一种符号所包含的细微之义用另一种符号表示出来，避免误会和冲突，这就必须熟谙双方的符号系统和文化。

在涉外交流的实际过程中，交流者对符号系统的掌握情况是不同的。假设甲与乙进行涉外交流时，若用 A 代表甲的母符号系统（用□表示），用 B 代表乙的母符号系统（用○表示），那么双方对彼此符号系统的掌握程度存在着三种情况：

（一）双方都知己不知彼

在这种情况下，甲懂 A 不懂 B，乙不懂 A 只懂 B，如图 4-6 所示。这是涉外交流中困难最多的情形，双方只能利用人类一些共同的非语言语，如表

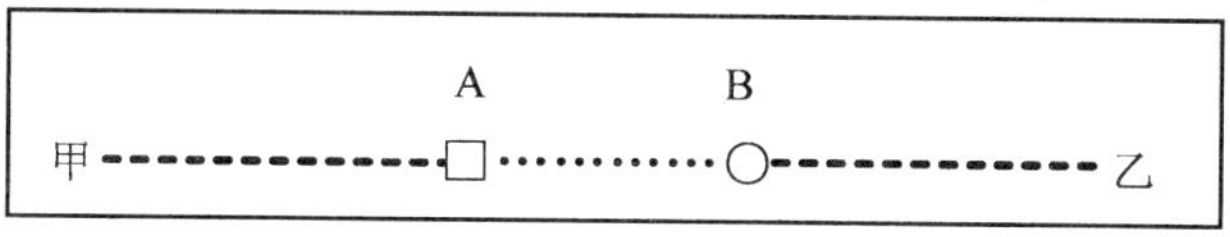

图 4-6 交流双方知己不知彼示意图

情或手势，来进行一些简单的沟通，从而使这些相互依赖的活动成为可能。但因为双方相互依赖的程度很低，这就需要更多的时间和精力。因此只能用虚线来表示他们彼此之间若断若续的沟通情况。

为了进行较为顺利的交流，双方常常要请懂得双方符号系统的第三者丙介入，以架起两种符号系统之间的桥梁。在实际交流过程中，即使语言信息通过丙得以传递，但由于甲不了解乙的母符号系统和文化，对某句话从 A 转换成 B 之后所形成的差异也不了解，甲仍然可能发出引起乙误会的信息。与此同时，由于乙也不懂甲的母符号系统和文化，那么某句话从 B 转换成 A 之后也一样可能造成甲的误会。从总体上来讲，甲乙双方造成误会的发生率最高。

假如在其他因素方面甲乙双方高度一致，甲乙都不发出引起误会的信息，那么在丙的介入帮助下，可以解决符号系统的转换工作，从而更有效地交流。不过，实际上甲乙双方常会发出引起误会的信息，那么为了顺利进行交流，丙应做的就不仅仅是符号转换工作了，而是文化的翻译工作。这样一来，甲乙双方交流的效果如何，基本上是依赖丙对甲乙双方文化、语言了解程度的深浅了。

（二）一方知己知彼，另一方知己不知彼

在这种情况下，甲懂 A 也懂 B，乙不懂 A 但懂 B，如图 4-7 所示。这是涉外交流中由于符号系统引起困难较小的一种情况，也是所占比例较大的一种情况。例如，中国人在掌握了英语后，使用英语和外国人交流就属于该情况。在这种情况下，如果懂得两种语言的人使用两人共同的符号系统，双方在其他因素方面相对一致，那么符号系统似乎不是相互交流的障碍。但由于

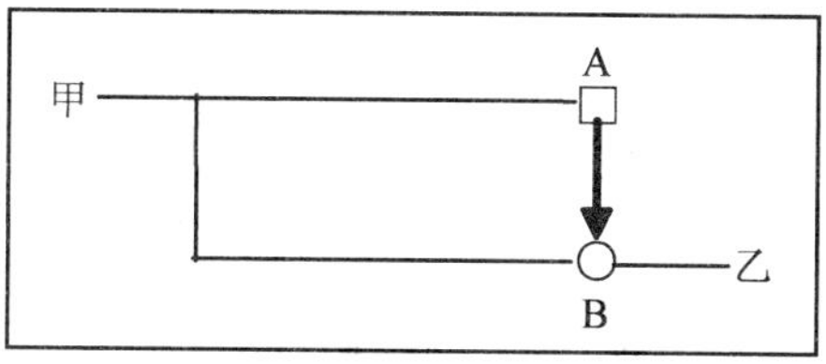

图 4-7 交流一方知己知彼、另一方知己不知彼示意图

乙不懂甲的母符号系统和文化，对 B 转换成 A 之后所形成的差异并不了解，因此乙仍然可能会发出引起甲误会的信息。另一方面，由于甲了解乙的母符号系统和文化，对 A 转换成 B 之后所形成的差异有所了解，这样从甲一般不会发出引起误会的信息。总体上来讲，这种情况下误会的发生率要比第一种情况减少 1/2。

（三）双方都知己知彼

在这种情况下，甲既懂 A 又懂 B，乙也既懂 B 又懂 A，如图 4-8 所示。或者进一步讲，甲乙都不仅懂得 A、B，还懂第三种符号系统 C（用“△”表示），如图 4-9 所示。

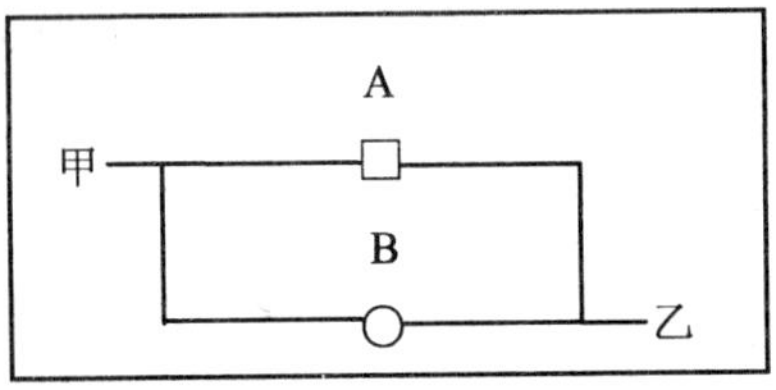

图 4-8 交流双方知己知彼示意图

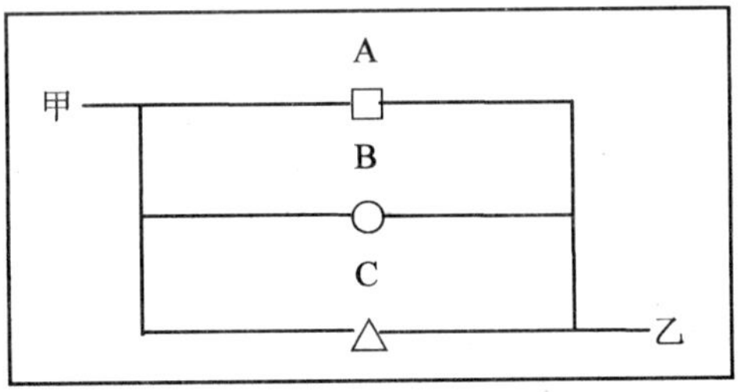

图 4-9 交流双方知己知彼又知它示意图

这种交流是涉外交流中由符号系统所能引起困难最小的一种情况。懂英语和英国文化的中国人与懂汉语和中国文化的英国人的交流就是如此。但这在中外交流中所占比例较小。由于乙懂甲的母符号系统和文化，对 B 转换成 A 之后所形成的差异是了解的，因而乙不会发出引起甲误会的信息。相应地，由于甲了解乙的母符号系统和文化，对 A 转换成 B 之后所形成的差异有了解，这样一般甲也不会发出引起乙误会的信息。总体上来讲，误会的发生率就会趋近于零。如图 4-9 所示的情况，甲乙双方还可以通过 C 符号系统来进一步确认通过 A 或 B 交流的信息，以提高其可靠性。在涉外交流中，共享的语言符号系统越多，交流渠道越宽，信息流通的阻力就越小。

在上述三种情况中，所谈的甲或乙懂得其符号系统是以精通该符号系统为假设前提条件的。如果加上对符号系统的熟练程度不同以及其他因素，那么实际上区分出层次的数量还要增加。就具体事件相对简单的交往活动，交流双方具有较低的运用符号系统的能力就能得到双方都满意的结果。当涉及那些复杂的和高度抽象的内容时，则需要较高的运用符号系统的能力了。

在涉外交流中，还应注意到，无论文化背景差异程度如何，交流的内容越抽象，其可靠性就越低。同时，还应特别注意，在两种不同文化背景中，差异程度越大，其可靠性就越低。

从以上叙述我们可以看出，交流者对彼此符号系统了解的基本规律是：如果交流双方不能共享一个符号系统（包括语言语和非语言语），或者没有一个把不同符号转换成一种共同符号系统的机制，那么想要进行涉外交流是不可能的。在具有不同符号系统的涉外交流者之间，双方共享符号系统的数量增加，交流信息的可靠性也随之增加。

二、涉外交流中的彼此了解

（一）彼此了解

所谓“知己知彼，百战不殆”。涉外交流中的人际交流、组织交流和国际传播同样如此。对自己文化特点有充分了解，无疑有益于提高交流效果。对自己文化特征有透彻了解已经很不容易了，要对其他文化有真正了解就更不容易。

在人际交流研究中，美国学者乔瑟福·拉夫（Joseph Luft）和哈里·英格汉姆（Havry Ingham）提出了一种被称之为乔哈里窗的理论。该理论依据人际交流双方对交流内容的熟悉程度，将人际交流信息划分为四个区：公开区、盲目区、隐藏区和未知区，如图 4-10 所示。

	自己已知	自己未知
对方已知	公开区	盲目区
对方未知	隐藏区	未知区

图 4-10 乔哈里窗示意图

（1）公开区（open area），指那些我们自己和对方都知道的信息。在面对面的人际交流中，这种信息包括谈话者的人种、性别和大致的身高、体重、年龄等。

（2）盲目区（blind area），指那些对方知道而自己不知道的信息，包括神态、偏见等。

（3）隐藏区（hidden area），指那些自己知道而对方不知道的信息。这些信息中有一部分是常识性的，有一部分是那些我们不愿告诉人的或秘密的事情，个人、组织、国家都有大量的这种隐蔽信息。

（4）未知区（unknown area），指那些自己和对方都不知道的信息。

乔哈里窗中各个区的大小与交流的效果有密切的关系。盲目区和隐藏区大、公开区小不利于交流，而盲目区和隐藏区小、公开区大则有利于交流。

同时，这四个区的大小又与交流双方关系的密切程度相关。例如，在人际交流中，如果我们对对方很了解、很信任，那么我们就会敞开心扉，缩小隐藏区；反之，如果我们对对方不甚了解、不甚信任，就会扩大隐藏区，这样公开区就缩小了。一般来说，在同文化交流中，我们对对方的了解和信任要比对不同文化的人的了解和信任更多一些。因此，在同文化交流中彼此的公开区要比涉外交流中的大，如图 4-11 所示。

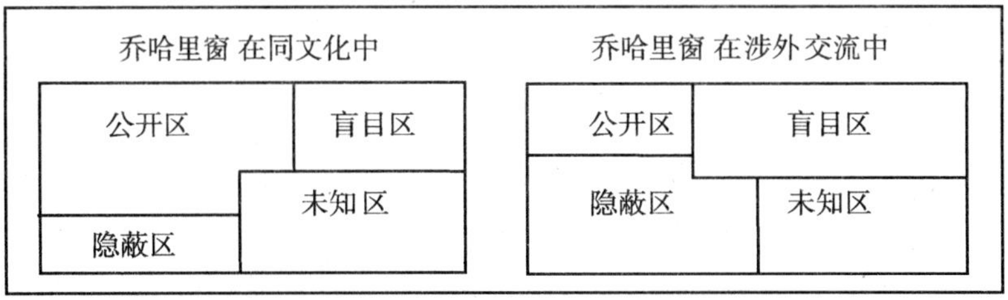

图 4-11 乔哈里窗在文化交流中的应用图

（二）缩小盲目区、未知区和隐藏区，扩大公开区

很显然，公开区越大，越有利于彼此交流。那么，怎样扩大公开区呢？主要可通过以下两条途径：

1. 缩小盲目区和未知区

首先，交流者要对自己及对方文化的各要素有系统的了解；要对自己及对方文化的异同有深入地了解，特别是那些可能引起冲突的因素。因此应该尽可能多地利用报刊、书籍、电视、电影、网络等传播媒介，尽可能多地接触有异文化交流经验的同文化人及来自异文化的人，以掌握双方的文化、政治、经济、历史、地理、语言、风俗、哲学、宗教等知识。

其次，交流者要对自己本身和交流对象本身有尽可能多的了解，在同一文化背景中的人也是各种各样的。只有对直接交流的个体进行更多地了解，才能进一步缩小盲目区和未知区，扩大公开区。

2. 缩小隐藏区

不同文化中的人们，由于彼此相对隔绝，一方知道的常识性信息，另一方并不见得知道，也会形成涉外交流中隐藏区膨胀的状况。这就需要适当地扩大“自我暴露”，也就是通过“提供背景知识”、“通俗解说行话”、“解释性翻译”等手段，把自己知道的而对方不知道的常识性信息暴露出来，以利于彼此了解，实现有效的交流。当然，这里所说的“自我暴露”是以对方理解为根本目的的自我暴露，与泄露机密绝非同一个概念。

三、交流者的意图及对交流的影响

（一）交流者的意图

无论是同文化交流还是涉外交流，交流者的意图是影响交流结果的因素之一。交流者的意图有时是有意识的、事先确定了的、显而易见的，有时则是无意识的、事先没有确定的、隐蔽的。交流者的意图是多种多样的，大致有表 4-8 中所列的几类。

表 4-8 交流者的意图分类表

甲方的意图	利益情况		乙方愿意交流程度
	甲方	乙方	
1. 惠予：给予帮助（物质帮助、精神帮助）	将来受益	受益	+
2. 互惠：共同分享信息（包括感情、资料等）例如：纯学术的基础物理教学经验研讨会	受益	受益	
3. 惠求：请求提供帮助	受益	将来受益或受损	
4. 说服：说服对方，宣传自己的信仰、价值观、社会经济制度、文化传统。例如：传教士传道	—	受益或受损	
5. 回避：回避或不理睬对方给予的信息	—	—	0
6. 控制：通过权力、地位、强力等控制对方。例如：老板解聘雇员、法院审理罪犯	受益	受损	
7. 伤害：从政治、经济、军事、社会、心理等方面欺骗他人，如战争中敌对双方的宣传战，或进一步以公开方式伤害他人。这包括对对方地位、信誉、其形象等方面的攻击。例如：冷战中对对方的攻击；竞选中对对手的攻击	受益	严重受损	−

（二）意图对交流的影响

就交流双方而言，由于各方都可能有 7 种意图，这样双方就有 49 种组合。在这些组合中，以互惠—互惠和伤害—伤害这两对组合最有特色，在这两种组合中，交流似乎都很活跃。但实际上，当双方对彼此的意图都弄清楚之后，以互惠—互惠的组合最容易进行有效的交流为一端，以伤害—伤害的组合最不容易进行有效交流为另一端，49 种组合就形成了由易到难的排列。相比之下，回避—回避组合的交流活动就几乎难以发生，甚至不能取得开始交流的第一步，即彼此根本不互相注意。在互惠—回避组合中，虽然一方很想交流，但另一方却回避，那么交流也常常失败。只有当双方都有同样正面的意图时，其意图才容易实现。当双方没有同样的交流意图时，或双方有负面的交流意图时，很大程度上会导致交流失败，如图 4-12 所示。

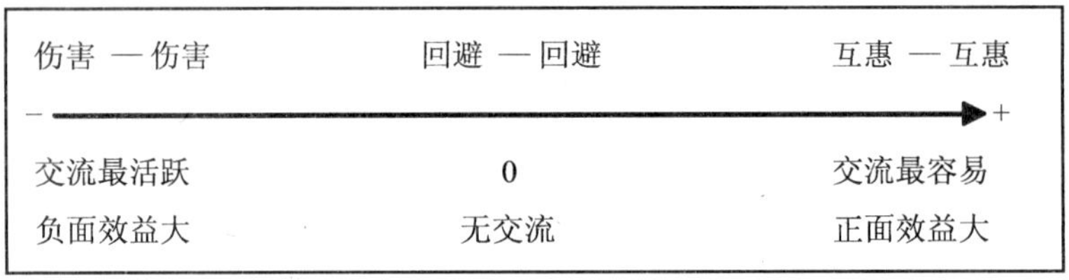

图 4-12　交流者意图反馈图

在同文化交流中，双方的意图有时也会被看错，涉外交流中要了解对方的意图就更加困难。在大多数情况下，交流双方并不明确说明自己的意图，人们常常是根据对方过去和眼前的一些线索进行概括和整理，形成对对方意图的猜想；反过来，这种对对方意图的猜想又为自己与对方交流定下了基调。如果交流者之间互相信任，明确自己的意图会减轻或消除猜疑和混乱，有效地进行交流；如果彼此之间不信任，对对方的意图时常存有怀疑，而且难以消除，交流将严重受阻。在彼此不信任的情况下，如果明确申明自己的善良意图，也可能有利于交流。

第五章
涉外交流的层次

第一节 人际交流

一、人际交流和人际交流能力

（一）人际交流的过程和特点

人际交流是指个人与个人的信息交流，它包括个人与个人之间面对面的和非面对面的信息交流。

1. 过程

借鉴施拉姆的传播模式，我们可以把人际交流的过程用图 5-1 显示出来。

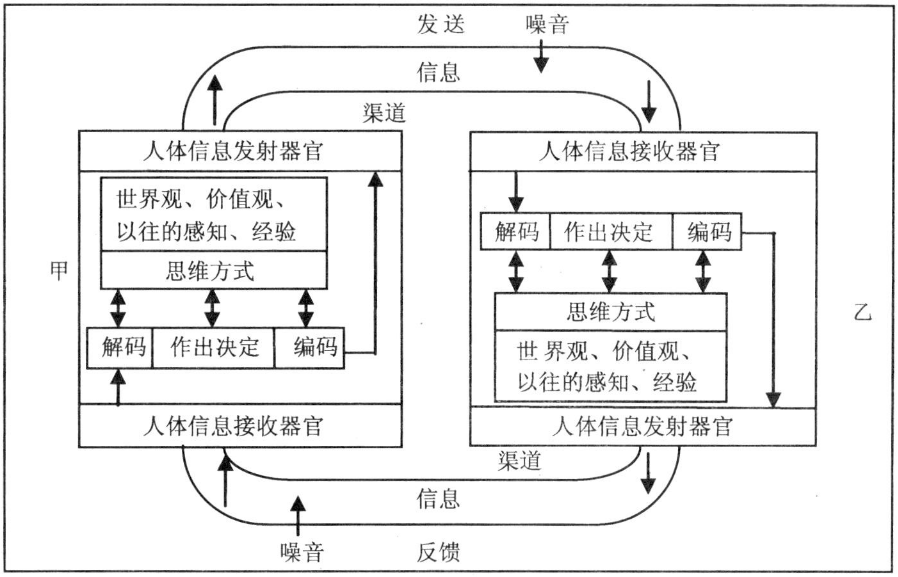

图 5-1 施拉姆人际交流过程

2. 特点

1）情境对人际交流有重要的影响

人们从日常经验中都有这样的体会，良好的人际交流环境和气氛就会使交流通畅顺利，反之则交流难以顺利进行。交流环境主要有三个方面的因素：

（1）感情因素，指能给人一种信任感、舒适感、安全感、确定感、放松感的交流环境。例如，放松感有利于人们彼此交流是人所共知的，在郊游、鸡尾酒会、一起进餐、舞会等轻松的活动中人与人容易进行交流。

（2）认知因素，指交流一方对另一方所抱有的期望、需求、兴趣、世界观、价值观、思维方式了解的准确与否，是交流环境好与不好的重要因素。

（3）行为因素，指一个人运用语言语和非语言语进行交流的能力，待人处事的能力。

2）人际交流影响人际关系

人际交流可从三个层次上影响人际关系的变化，这三个层次分别是信息层次、情感层次和行为层次。例如，两个未婚青年男女，开始通过书信交流学术信息（信息层次），日久天长有了爱慕之情（感情层次），最后两人喜结良缘（行为层次）。

3）人际交流反馈快

在进行人际交流时，特别是在进行面对面的交流时，信息交流从始至终伴随着信息反馈。例如，甲对乙说话时，乙即使不答话，也在用非言语方式作出反应，使甲立即得到信息的反馈。甲得到反馈之后，会作出一定的反应，乙也立即获得了甲对乙态度的信息反馈。这样的信息反馈回合很快，即使非面对面的人际交流，也会比大众传播获得更快的信息反馈。

（二）人际交流能力日益重要

人际交流能力是指交流者所具备的能胜任交流工作的优良主观条件。简而言之，人际交流能力就是指一个人与他人有效进行信息交流的能力。

当今人际交流的能力日益重要。美国著名的教育家戴尔·卡耐基（Dale Carnegie）曾经说过，一个人事业的成功，只有15%是由于他的专业技术，另外的85%要靠人际关系和处世技巧。

在世界变成“地球村”的今天，涉外人际交流日益增加，涉外人际交流能力日渐重要。涉外交流能力所需条件明显多于同文化交流，除了前面提及的各个方面以外，还包括：了解影响涉外人际交流中的心理因素；掌握交流技巧，特别是涉外交流的技巧；认识人际交流上的东西方差异；正确处理文化休克；了解交流后异文化对个人文化特征的影响。

二、影响人际交流的心理因素

（一）文化认同观念

人和人是同类，都有七情六欲，因而就容易形成人的本性都是一致的印象。这种观念在看到人的生物特征时，忽视了人的社会性，以抽象的人性代替具体的人性，以文化的共同性代替文化的多样性。实际上，不同文化中的人们对同一事物有不同的感情和友情。

（二）言行价值的主观评判

在涉外交流中，每个成员习惯性地认为自己文化的价值标准是正确、美好和自然的，于是往往以自己的价值标准去评判对方的举止言行。“话不投机半句多”，在交流中，对对方价值观中有关国家、民族及个人尊严等原则性问题进行评论，会引起对方的不快，使其产生防御心理。要特别注意的是，以自己的文化价值标准去评判别人的言行举止容易带有片面性。

（三）定型观念、偏见和先入之见

在涉外交流过程中，人们常带着定型观念、偏见和先入之见去交流，这比在同文化的交往中表现得更明显。因为，在涉外交流中，我们对对方的理性和感性认知都少于同文化交流中对对方的了解，因而更容易以共性去代表个性。在涉外交流过程中，人们通常要面对一种语言和文化障碍并存的尴尬境地，原本熟悉的各种符号变得陌生了，心态会更加焦虑和茫然。在这种情况下，人们对模棱两可的信息会先入为主地理解，以减少悬念给心理上带来的不安和压力，也就更容易犯主观主义的错误了。

（四）心情紧张

心情紧张是由于工作能力威胁到集体及个人的利益和自尊而引起的焦虑。作为涉外交流中的一种常见心理障碍，它不是独立存在的，而是渗透在上述障碍之中的。

在交流中，有时双方心情都很紧张。东道主不能正常地保持语言上和非语言上的交往，产生语言和感知上的障碍，对客人的知识水平、阅历及客人对自己的态度等情况不甚了解，这些都可能会造成心情紧张。

三、影响人际交流的其他因素

在涉外人际交流中，交流双方的相似点、个性和彼此的信任程度对交流质量的影响较大。

（一）交流双方的相似吸引

1. 相似利于交流

交流双方情投意合、共同点多，彼此就容易敞开心扉，甚至无所不谈。如果在开口交谈之前就察觉彼此差别甚大时，就会自然地缩小打开心扉的程度，甚至关闭心扉。

交流双方的相似性表现在：

（1）外观相似，指长相、衣着打扮等外观上的相似。

（2）背景相似，指籍贯、居住地、受教育的程度、社会地位、种族等方面的相似。

（3）个性相似，指个性与气质相似，脾气秉性相近。

（4）态度相似，指人们对所谈问题态度和观点的相似。

（5）价值观相似，包括人们在世界观、人生观、价值观方面的类似。志同道合，才能无所不谈。

在涉外交流中，双方的共同点越多，相互沟通的桥梁也就越多。

2. 相似与人际吸引

交流者感觉到的双方共同点的程度，会影响交流双方的人际吸引力——保持接触关系的愿望。人际吸引力主要表现在三个方面：

（1）外貌和气质吸引。外貌吸引是指身体相貌的吸引，气质吸引是指与文化修养有关的个性吸引。外貌吸引的时间是短暂的，它和气质吸引、工作能力吸引、社会交往能力吸引相联系，常是人们彼此交流的最初的原因。当人们相互认识一个时期之后，其他吸引就会变得更为重要。

（2）工作能力吸引。这种吸引也由于文化的不同而有差异。例如，在中国传统文化中，由于受“万般皆下品，唯有读书高”这样传统价值观的影响，吸引青年女子的大多是读书人，如《白蛇传》里的许仙、《西厢记》里的张生、《桃花扇》里的侯方域……而在美国文化中，男子的典范是表现出超群技能的人。当美国人看了京剧《白蛇传》后，对白素贞喜欢没有阳刚之气的许仙常感到惊讶。

（3）社会交往能力吸引。这是指对一个人言谈能力、处理纠纷的能力、保持友谊的能力等方面的吸引力。

3. 相似性与信息分享及说服

（1）相似性与分享信息。分享信息是人际关系的联结纽带，人们和相似的人容易分享信息。在人们感到相似性的条件下，交流就更为有效。

（2）相似性与说服。相似性会使说服更容易奏效。人们通常是在日常生活中通过朋友、同事、家人那里得到信息的，这种关系会潜移默化地改变我们的知识、情绪、行为，更容易起到说服的作用。

（二）互补吸引

在涉外交流过程中，在许多场合，可以容忍某些方面的不同性，这种不同性也是人际吸引的动力。正如日常生活给我们留下的互相矛盾的经验：有时是“物以类聚，人以群分”；有时则是“异性相吸”。两个在各方面都很相似的人，很难互相提供新的信息。如果他们想要得到一些新的信息，那么就要和在信息方面不同的人去交流。在社交晚会上，如果在一群美式打扮的女士旁有一位身着旗袍的东方女性，这位东方女性可能会更有吸引力。在旅游业中，某些人文景观越具有民族性，就越有吸引力。但是，这种互补一般要在可以容忍的范围之内才具有吸引力。

（三）双方的信任程度

双方的信任程度是人际交流的重要因素。我们在日常生活中会有这样的体验：张三为人老实，李四为人奸猾，同样的信息出自张三或李四的口，我们会有不同的感受。对同一个问题，人们对来自自己信任的人的信息的信任程度，时常超过通过其他渠道得到的信息。

1. 决定信任程度的因素

对交流者的信任程度取决于多种因素：

（1）权威性，指对对方工作能力和资格的认定。不同领域有不同的权威性，对于国家事务和法令的信息的权威性来自当权者；对于自然科学和社会科学问题的权威来自各学科的专家。世界上的信息多得使一个人用一生的时间也不可能全部掌握，学中国历史的人即使对魏晋南北朝以后各代的文字资料，用其毕生的精力也无法看完。所以，关于这段历史的问题就要请教各朝代史专家。人们的工作不同，兴趣不同，因而对各类信息的熟悉程度也不同。例如，集邮的人对邮票的信息很清楚，足球迷对足球运动的信息很清楚，他们在各领域内的权威性就较高。

（2）信誉，指对对方的信赖程度。只有权威性而没有信誉也会使信任程度打折扣。例如，某些产品质量鉴定会，其自身的信誉不好，即便邀请再多的权威专家，人们对鉴定结果的信任程度也很难提高。

（3）目的一致性，指对对方目的和价值观与自己一致性的估计。例如，在1955年的万隆会议上，有的人在会上提出了“共产主义威胁”等问题，把矛头对准中国，使会议气氛一度紧张。周恩来总理针对这种情况，提出了

“求同存异”的方针，呼吁大家加强团结，一致对敌，促成了亚非国家在反帝反殖基础上的团结，为会议的成功奠定了基础，受到与会代表普遍的欢迎与赞扬。这个例子说明目的一致性会增加彼此的信任。

（4）领导才华，指被交流者感受到的出众的领导才能，特别是应付意外、突发事件的能力。

（5）活力与魅力，指被交流者感受到的那种语言和非语言的魅力。

在不同的环境中，在不同的文化中，上述因素起作用的程度是不同的。有的文化把权威性看得最重，把它作为衡量交流对象是否值得信赖的最重要的尺度，而有的文化却更看重交流对象与自己的友谊。例如，在民间的文化往来中，有些美国人对我国行政部门的介绍信的信任程度就不如一些著名的教授的私人推荐信。因而，在涉外交流中要善于发现在影响信任程度的诸多因素中哪些最起作用。

2. 信任程度对交流的影响

在涉外交流中，首先，对交流者信任的第一个影响是有力的说服。其次，对交流者的信任程度影响到一种文化的形象。一个信任度很高的领导者就是一种文化的象征。在国际上，毛泽东、周恩来、宋庆龄就是中国文化的象征。印度的甘地、伊朗的霍梅尼和巴勒斯坦的阿拉法特都是其文化的象征。最后，对交流者信任程度的影响能促进某种文化上的改变。也就是说，信任创造了一种他人模仿的形象。例如，一些政治家、艺术家和社会名流会对公众舆论、价值观、生活方式、行为规范，甚至衣着打扮等方面都会带来影响。

上述内容可以概略地用图 5-2 来表示。

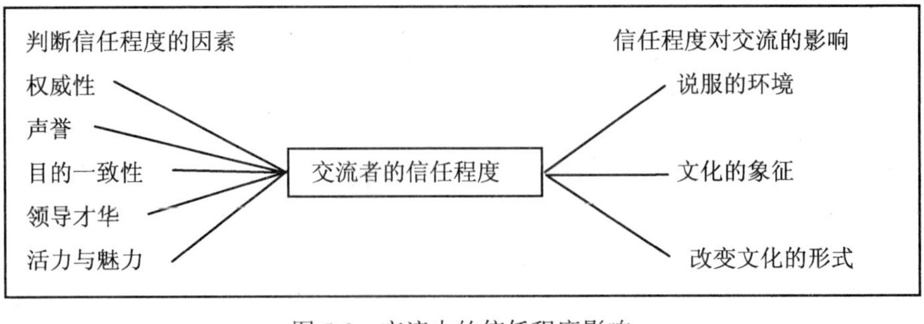

图 5-2 交流中的信任程度影响

为使涉外交流能顺利进行，实际交流过程中的技巧运用也很重要。

（1）尊重对方。尊重指对交谈者的人身尊重和对谈话内容的尊重。人们喜欢对方尊重自己，尊重自己的成就、自己的信仰、自己要说的话。如果在交流过程中，能够通过手势、目光、微笑和鼓励的言语向对方表示尊重，那么对方也会对你作出积极的反应。可见，尊重是相互的。

（2）增强移情。移情（empathy）是设身处地地体味别人的苦乐与际遇，从而产生情感上的共鸣。它是在涉外交流中发展和保持积极关系的重要条件。每个人表现移情的能力是不同的，有的人有能力把对别人的同情表示出来，有能力准确地理解对方的思想和感情，并及时作出反应；而有的人在谈话中缺乏移情能力，甚至不会对他人的境遇表示起码的理解。当然，由于每个人的阅历不同，不可能完全做到设身处地，但通过认真地听和细心地观察，人们是能做到某种程度上的移情的。

（3）轮换讲话。应当善于组织交谈，对确定谈话的开始、进入正题和结束等环节时能考虑对方的意见，在谈话的过程中，能使双方轮换讲话。人们都喜欢在讨论中有机会发言，因而，在谈话中应当绝对避免自己垄断发言权。此外，轮到自己发言时如不讲话，则可能被看做是拒绝合作的表示。在涉外交流中，轮换讲话这一简单的因素，能起到对对方表示尊重的效果，是一项重要的技巧。

（4）听话听完。当人们发现自己的话未讲完就被打断，或未全面阐述完自己的观点对方就摇头否定时，就会出现影响正常交流的障碍，削弱阐述者交换信息的兴趣。正确的做法是：在未得到足够和确凿的信息或在未全面理解对方的观点之前，人们应尽量避免作出语言上的或非语言上的评论。

（5）心胸豁达。所谓心胸豁达，是指能容忍迷乱的环境。即在新的文化环境中，对那些无关宏旨的问题，不涉及原则的问题不要钻牛角尖。很多问题就没有必要搞清哪方对哪方错，只是不同的文化有不同的看法。对那些含混不清、使人感到迷惑不解的枝节问题，应能迅速地从心理上摆脱不舒适的状态。

关于涉外交流的基本技巧，各个学者的看法不很统一，表 5-1 是美国学者多德提出的有益于和无益于涉外人际交流的因素，可供我们参考。

表 5-1 影响涉外交流有效性的各个因素

促进交流的因素	妨碍交流的因素
1. 闲谈，不侧重完成某种任务	1. 高度地重视工作任务
2. 很少自我声明	2. 很多自我声明
3. 低度以自我为中心	3. 高度以自我为中心
4. 对含糊不清的问题容忍度高	4. 对含糊不清的问题容忍度低
5. 移情能力强，认真听对方讲话	5. 移情能力差，不耐心听对方讲话
6. 思想开放，较少固执己见	6. 思想不开放，固执己见
7. 认知思路开阔	7. 认知思路单一
8. 人际关系融洽，信任对方	8. 人际关系不融洽，不信任对方
9. 主宰自己能力强，不信天命	9. 主宰自己能力差，信天命
10. 勇于创新	10. 创新能力差
11. 自信能力强	11. 自信能力差
12. 对交流的焦虑程度低	12. 对交流的焦虑程度高

以上介绍的技巧是基于以下前提的：涉外交流的双方都抱有真诚的愿望，希望通过交流寻求相互理解；双方都抱友好的态度，消除了文化、种族、民族上的歧视；交流是在双方相互平等的基础上进行的。在这些前提下，上述涉外交流的理论和技巧才会起作用。

四、人际交流上的东西方差异

东方文化（这里主要指中国、日本、朝鲜、韩国等）与西方文化（这里主要指美国、英国、法国、德国、意大利等）不仅在语言和非语言的符号系统上有差异，而且在人际交流的其他方面也有差异。

（一）交流方式上的差异

人际交流上的东西方差异主要在于东方文化注重维护群体和谐的人际交流环境，而西方文化注重创造一个强调坚持个性的人际交流环境。这主要体现在：

1. 东方重礼仪、多委婉，西方重独立、多坦率

在中国的传统社会中，历来主张尊卑有别、长幼有序、敬老尊师。例如中国历来便是“礼仪之邦”。每个人在交流时，都要受到各自地位和角色的制约，否则就是失礼。受到中国儒家文化影响的朝鲜、韩国、日本、越南、

新加坡以及东南亚国家的一些地区多少都有这种倾向。在东方的等级观念比较强的文化里，两个素不相识的人相遇时，在谈及主题之前，通常要交换有关的背景资料，如工作单位、毕业的学校、家庭情况、年龄、籍贯等，以此确定双方的地位和相互关系，并进而依据彼此的关系来确定交谈的方式和内容。如果一方为长辈或上级，那么多由这一方主导谈话的进行，同时在出入的先后以及起坐方面都有一定的礼仪。如果交谈的双方在地位或身份上是平等的，那么，交谈就会放松得多。

在西方文化，特别是美国文化中，等级和身份观念比较淡薄。人际交流中，在称呼和交谈的态度上较少受到等级和身份的限制，不像东方文化那样拘礼。熟人相遇一律以平等的“你好（Hi）”表示问候。祖父母与孙辈之间、父母与子女之间、老师与学生之间都互相直呼其名，这对许多中国人来说，都是难以接受的。

在亚洲文化里，不同辈分和身份的人意见不同时，常避免正面的冲突和争辩。中国人喜欢婉转的表达方式，以给对方保全“面子”。西方人，特别是美国人，在彼此意见不同时，会坚持己见，常争论得面红耳赤，无所谓“面子”问题。近代以来，随着西方文化的影响和社会的发展，东方重礼仪多委婉的特点已经发生了不少变化，但比起西方文化特别是美国文化来，仍有明显的差异。

2. *东方多自我交流、重心领神会，西方少自我交流、重言谈沟通*

东西方人对交流本身有不同看法。在中国、日本、朝鲜、韩国等国的观念中，能说会道并不被人们提倡。在中国传统文化中，儒家、道家和佛教的禅宗都是如此。西方人很强调和鼓励口语的表达技巧，这与中国文化形成了鲜明的对照。西方人的观念是，真正有才的人不但要能思考，并且必须善于把自己的意思有效地表达出来。美国人有“边想边说”（think aloud）的说法，就是说把思考过程语言化，至于这些想法本身是否有水平、有深度，是否正确，则是另一类问题。而东方人呢，特别是中国人，常认为要想好了再说，不要想什么就说什么。对于某种知识只懂一二却又爱说的人，常被贬称为“半瓶子醋”。但西方人认为，不会表达意思的人比“半瓶子醋”还不如。

在人际交流中，中国人比英美人有更多的自我交流（intra-personal communication）。中国儒家文化强调自我反思，中国人做事失误时，常“自我检查”或“闭门思过”。而英美人则更重视彼此的交流。他们做事发生了失误之后，常把有关的人集中在一起，大家共同讨论，找出症结所在。他们相信，如果没有交流，将永远无法解决问题。

3. 东方和谐胜于说服，西方说服重于和谐

中国文化注重集体主义，强调组织的团结与和谐。因而在交流目的上，注意摆平信息发送者和信息接收者的关系，强调和谐胜于说服。西方人际交流观则深受古希腊哲学的影响，在交流目的上，强调的是信息发送者用自己的信息影响和说服对方，是有意识地对信息接收者施加影响。

4. 开场白和结束语的形式不同

在人际交流中，中国人的开场白或结束语多谦虚一番。而在欧美人士，特别是美国人看来，开场白和结束语中的谦词只会令人反感。东方人在人际交流中进入正题之前，"预热"时间比英美人长。而英美人一般喜欢单刀直入，预热的时间很短，闲谈多了会被认为啰唆，有意不愿谈正题。

（二）友谊关系上的差异

在任何文化中，友谊与人际交流关系密切。友好的交流会促进友谊，友谊也会促进信息的交流。东方国家与西方国家在友谊问题上既有共同点也有差异，在友谊关系的重点和作用方面基本相似，差异大致有以下几点：

1. 范围和层次的不同

中国人所结成的友谊关系一般有两种：一种是熟人，即由工作关系、邻居关系认识的人。第二种是朋友，这和英语中的"friend"含义有差异，中国人所称的朋友一般是志同道合、互相关心、互相帮助，并可在感情上依托的人，这是一种亲密的、有深交的人际关系，可以自由自在地谈论彼此心中深层次的思想。中国人一般熟人很多，但朋友不多。美国人的友谊关系是建立在共同的理想和价值观、真诚和信任、社会和心理的支持的基础上的。美国人一般把友谊关系分为泛泛之交、好友、密友和深交。美国人往往有许许多多的泛泛之交、好友和密友，且男性和女性兼有。深交友谊关系也包括男女两性，但数量较少，以志趣相投为基础。①

2. 深浅和牢固程度的不同

中国人与朋友的友谊关系一般比较长久。交上一个朋友往往需要较长时间；一旦成为朋友，友谊时间常可以持续终生。而美国人交朋友快，忘朋友也可能快，彼此感情并不能持久稳固。这种友谊观念上的差异也会带来误解。中国人遇到美国人，常被他们的友好和热情所感动，中国人满以为他们

---

① ［美］唐·库什曼、杜·卡恩：《人际沟通论》，宋晓亮译，知识出版社 1989 年版，第 154 页。

之间已经建立起了牢不可破的友谊。然而，这个美国人只不过是以这样的方式对待他所遇到的每一个陌生人。当这个中国人随后一直收不到美国朋友的来信来电时，他就会觉得自己被冷落了、受骗了。

3. 交谈的话题不同

朋友之间交谈的话题因为所属的文化不同而存在着差异。东方人和西方人有很多双方都乐于接受的话题，例如业余爱好、节日、气候、国内外新闻、电影、书籍等。但是，对于西方人来说，属于个人隐私的话题是不喜欢别人问津的，如个人收入多少、钱怎么花、家里有多少存款、身上衣服是花多少钱买的，以及个人的健康、年龄、家庭情况等。不过也有例外，即：若涉及两个朋友之间一方要求另一方为自己干活，那么关于报酬问题，双方却常坦率得很，干什么活给多少钱，丝毫不吞吞吐吐，绝非像中国人那样含含糊糊，抹不开面子。因而，要使涉外友谊得以巩固和发展，双方在交流时应注意交谈的话题范围，避免涉及对方不愿提及的话题。

第二节 组织交流

一、群体和组织的基本概念

（一）群体和组织的多样性

（1）人具有社会性。人们出生、成长、受教育、工作、娱乐一般要在群体和组织里进行。现实生活中有许许多多的群体和组织，小到一对新婚夫妇的家庭，大到有十几亿人口的国家。各群体和组织为了特定的目的组织起来，在运用工具、使用技术、工作环境、组织形式、规章制度、角色关系、分配办法、服装打扮、礼节仪式、价值观和功能等方面都各具特点，其中，每个群体和组织的目的、所坚持的价值观、对各种价值的重要性排列次序的不同，是它们相互区别的主要特征。

（2）不同的群体和组织都有各自独具特色的文化。例如，从职业和行业的角度来看，我们常听到有军营文化、校园文化、企业文化、机关文化、农村文化等；从民族的角度来看，有维吾尔族文化、藏族文化、蒙古族文化、朝鲜族文化等；从阶级的角度来看，有封建地主阶级文化、无产阶级文化、资产阶级文化等。因此，从某种意义上而言，不同群体、不同组织间的交流也是一种涉外交流。从交流学的传播基本模式来看，群体是指仅依靠非正式的交流渠道来完成各种职能的人群集合。而组织不仅依靠非正式的、还依靠正式的交流渠道来完成各种职能的人群集合。

组织交流就是组织内成员与成员、组织与组织之间的信息交流。当然，我们必须明确，组织交流是通过组织的成员或代表人物进行交流的。从某种意义上来讲，组织交流通过一种个人层次的交流来实现。组织交流对于组织本身具有重要的意义。美国学者戈德哈伯在《组织交流》一书中说过，组织交流是组织活力的源泉，组织交流是组织关系的黏合剂，组织交流是组织功能的润滑剂，组织交流是组织机体的防腐剂。要在组织之内进行有效的交流，我们就应该了解本组织；如果想要与自己组织之外的组织进行交流，我们还应该了解该组织。

（二）划分组织的角度

由于主观因素和客观因素，人类形成了种类繁多的群体和组织。对于它们的分类，从不同的角度可以有不同的划分方法。例如：

从人种学的角度，世界上的人被分为四大人种：黑、白、黄、棕。

从语言的角度，可以把人们分为若干个语系。

从职业的角度，人们组成了不同的群体，如工人、教师、学生、军人、警察、演员等。

从组织结构的简单和复杂程度角度，组织有最初步、最简单的形式，如家庭、邻里等，也有比较复杂的形式，如学校、军队、公司等，而国家则是最复杂的组织形式之一。

从自愿和非自愿的角度，可分为非自愿参加的组织和自愿参加的组织。比如，秋瑾出生在绍兴的一个封建官僚家庭，这是她个人意志无法抗拒、无法自主做出选择的，但是她到日本留学，加入同盟会，却是她根据个人意志自主选择的结果。

此外，还可以从世界观、组织的目的、组织的规模等角度来对群体进行分类。以上各种划分对了解群体的性质都有一定的用途。

马克思主义者更注意从生产力和生产关系的角度来揭示人类各群体组织的社会属性。那么，从生产力和生产关系的角度，可以对人群进行阶级的划分，正如列宁所说："所谓阶级，就是这样一些大的集团，这些集团在历史上一定的社会生产体系中所处的地位不同，同生产资料的关系（这种关系大部分是在法律上明文规定了的）不同，在社会劳动组织中所起的作用不同，因而取得归自己支配的那份社会财富的方式和多寡也不同。所谓阶级，就是这样一些集团，由于它们在一定社会结构中所处的地位不同，其中一个集团能够占有另一个集团的劳动。”①阶级分析的方法对我们认识社会组织和其他许多群体的特征大有裨益，但这种方法不能取代其他角度对群体和组织的分析。

（三）一个人属于多种组织，担任多种角色

一个人通常属于一个或多个组织，要担任多种角色，大多数人所属的主要组织是家庭、劳动组织，其他的组织主要有政治组织，如政党、工会等，行业与职业组织，如作家协会、律师协会等，娱乐组织，如集邮协会、球迷协会等。比如，赵××是一个40多岁的公务员、一位退休教师的长女、一个孩子的母亲、中共党员、中国作家协会成员、单位业余乒乓球协会的会员……由于各个组织对其成员有不同的要求，因而，她需要不时地变换自己的角色。一旦角色转变得不恰当，就会在交流中出现问题，可见，各种角色之间时常会发生矛盾，正如古人所言，“忠孝两难全”。

（四）金字塔式的组织结构

组织通常以金字塔式的等级系统构建起来，例如，我国军队里的普通战士上面有班长，班长上面有排长，再往上有连长、营长、团长、师长、军长、军区司令，直至中央军委主席。

每个正式组织中也都有决策机构、决策程序和决策首脑。组织不同，其决策机构和程序也不同。简单组织的决策机构和程序也简单，复杂组织的决策机构和程序也复杂。相比之下，班级里决定个事情就较简单，而学校决定个事情就复杂得多了。

一般来讲，组织首脑的利益与其所代表的组织成员的利益相一致，与它所代表的组织的主流世界观、价值观相一致。但有时也不排除会出现不一致的情况。

二、组织内的交流

组织内交流是组织内按一定程序在交流网络中进行信息交流的活动。作为一个组织，具有程序化的和正式的交流渠道，是能发挥其组织功能的一个重要标志。组织内交流有以下特点：交流有事先确定的层次和顺序，有固定的制度和方法，并局限在一定的组织系统内。

（一）交流的方向

从信息传递的方向来看，组织内交流有横向和纵向的交流：

① 《列宁全集》第37卷，人民出版社1986年版，第13页。

1. 横向交流

横向交流是指组织成员之间同级的信息交流。横向交流是协调行动、解决实际工作问题的基本交流形式。

2. 纵向交流

（1）自上而下。这是组织中占主导地位的传播方向，是领导权力和权威的实施过程。它对保持组织的统一，完成组织的任务具有非常重要的作用。

（2）自下而上。这是组织成员向领导、下级向上级反映自己的愿望、要求，提出建议的交流。值得注意的是，下级向上级报告情况常常是报喜不报忧，这是各种文化中自下而上交流的通病。

在实际生活中，组织的自上而下和自下而上的纵向交流与横向交流常常是同时交叉进行的。例如，领导召开的座谈会或汇报告，先是自下而上，领导广泛听取下级的意见；然后横向交流分组讨论；最后是自上而下，领导作总结发言，向下级作指示。

（二）交流的形式

交流有正式交流网络和非正式交流网络两种形式。正式交流网络是指按行政体制建立的交流网络（如组织内的文件、材料、组织刊物、有线广播等）。在正式交流渠道中有着明确的上下级或同级的特征。非正式交流网络是指在组织中自然形成的交流网络。在非正式交流网络中，级别作用不如正式交流网络中那么明显。不过，组织也可以像利用正式交流渠道那样利用非正式交流渠道。

1. 正式交流网络

正式的组织交流网络有两种基本模式：一级式交流网络（见图 5-3）和多级式交流网络（见图 5-4）。

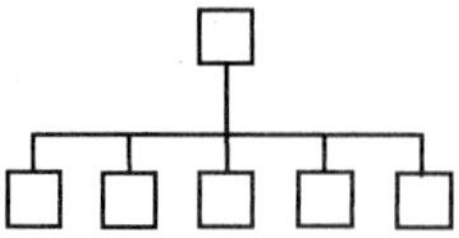

图 5-3 一级式交流网络

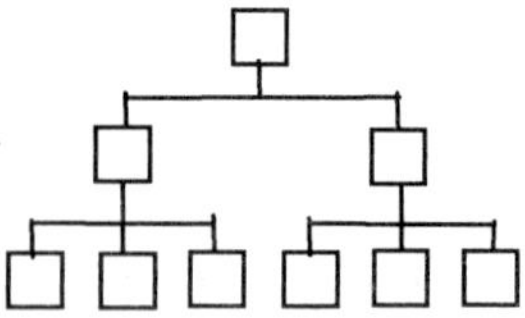

图 5-4 多级式交流网络

（1）一级式交流网络，是指一个组织的领导者直接和组织的全体成员进行信息交流的网络。其优点是没有中间层次，领导者的意图不易被曲解。

其缺点是领导者要处理大量的信息，常使领导者个人难以胜任，一些信息被搁置起来，没有足够的时间处理。

(2) 多级式交流网络，是指一个组织的领导者和基层成员之间有中间层次的信息交流网络。其优点是各基层组织能直接进行人际交流，更快地处理问题。其缺点是信息从底层向高层（或反方向）传递时比起一级式网络会"增添"或"减少"信息，使原信息"扭曲变形"。中间层次越多，信息扭曲变形的可能性就越大。在多级式的交流网络中，为了保证上级信息能准确地传达到基层成员，可以利用文件或大众传播媒介"一竿子插到底"。为了使下级的信息如实地反映到有关上级，也可以"一竿子捅到顶"。

2. 非正式交流网络

组织内往往存在着一些非正式的交流网络。例如，在一个由来自不同省份的士兵组成的连队中，来自同一个地区的"老乡"常利用节假日彼此交流信息，形成一个个小团体，形成多个非正式的交流网络，这种情况可以用图 5-5 表示。

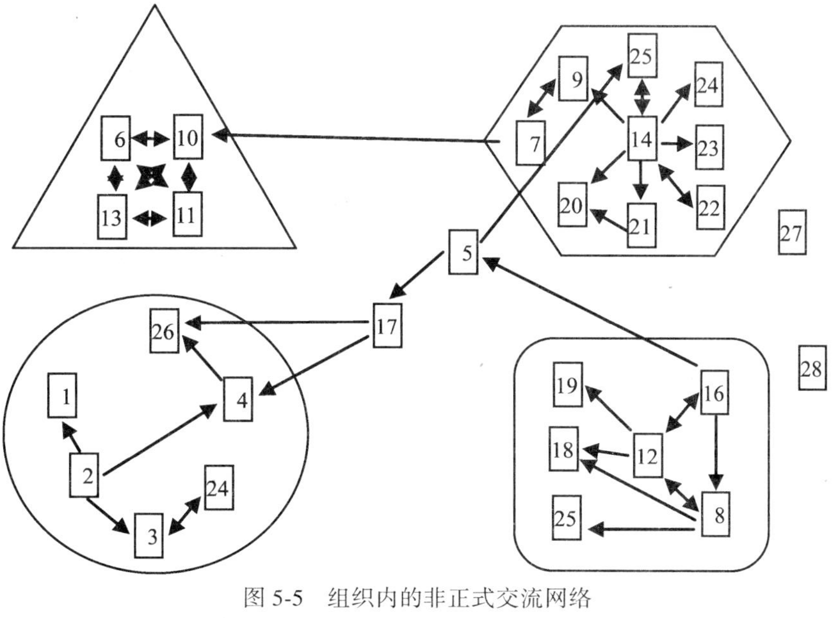

图 5-5　组织内的非正式交流网络

为了理解非正式的信息交流网络，有必要对其中的一些角色加以说明。"小团体"指的是一些经常交流信息的人组成的群体。

“联络员”指的是不属于任何一个小团体，却在两个或两个以上的小团体之间传递信息，起着联络中介作用的人。

“传递员”指的是把信息传递给本小团体中其他成员的人，他既是小团体的成员，又与其他小团体发生联系。

“守门员”指的是可以切断信息在本群体内的交流，或有权决定是否允许本小团体的信息传递给其他小团体的人。

“观点领袖”（opinion-leader，或译为舆论领袖）指的是小团体中其他人经常向他探询信息并获取劝告的人，他和小团体中的其他人在社会特征和许多观点上相一致，有点小团体精神领袖的意思。

“孤立者”指的是不从非正式交流网络中获取信息，而且在心理上和组织上都与非正式交流网络疏远的人。

如图 5-5 中有 4 个小团体，在小团体丁中，8 号是一个观点领袖。12 号想把一个信息传递到其他的小团体中，他也是个观点领袖。小团体丙中的 2 号和小团体乙中的 14 号也都是观点领袖。16 号、25 号、26 号、10 号和 4 号是守门员，允许信息进入自己的小团体。而 5 号是个联络员，17 号是个传递员，27 号、28 号则是孤立者。

有时非正式信息交流网络被称为葡萄藤式的交流网络，在这种交流网络中，信息常常以三种方式被扭曲：掐头去尾——在传递信息过程中，去掉一些事实；节外生枝——加进一些原来信息中没有的细节；添油加醋——在原有信息的基础上增添信息中的某些特色。

组织内交流对于沟通上下左右的意见和感情，巩固组织的凝聚力起着很大的作用。组织内各种交流渠道是否畅通是影响组织力量的一个重要因素。

（三）组织中的观点领袖

非正式信息交流网络中一般都有观点领袖，在正式的信息交流网络中也存在着观点领袖。他们是在某些方面拥有较多信息、有一定的权威，并对他人的观点能够造成影响的人。观点领袖对某些待定的问题有较大的兴趣和较强的能力。他容易被人接近，也容易获得信息，他与他所能影响的人各方面的情况均相似。

观点领袖有时是一个组织中的行政领导，有时又不是。比如，张教授是某大学的系主任，是某领域的学术带头人，所以，他既是行政领导又是观点领袖；而小王老师是另一个系的学术带头人，但不在系里担任行政领导职务，所以，他只是观点领袖。

在一个组织中，有时候某个人在某一方面问题上是观点领袖，而另一个人是另一方面问题的观点领袖。这种只在某个特定问题上发挥着观点领袖作用的，被称为单一观点领袖；而在许多领域里都能起到观点领袖作用的，则被称为多面观点领袖。一般说来，单一观点领袖在传播技术发达的文化里盛行，而多面观点领袖则在传播技术不发达的文化里盛行。

观点领袖是组织交流系统中的关键一环，也是国际传播中的关键一环，他们在交流中的作用，影响着交流的效果。

（四）交流者数与交流效果

参加交流的人数对交流结果有影响。交流人数的增加，虽然可以集思广益，但是使交流的复杂性可能增大，改变交流预期目的的可能性，甚至中断交流的可能性也增大。对某一问题取得一致意见所需要花费的时间和精力与参加人数成正比。尤其是当交流中涉外程度增加时，更是这样。这主要表现在：

（1）注意力减弱；

（2）判断准确性降低；

（3）每个人讲话时间减少；

（4）交流者的亲密度减弱；

（5）出现多数派观点的问题。

在涉外交流中，当身边有与自己观点一致的人时，交流者更愿意表达自己的观点，这是社交支持效应。在面对不同意见时，交流者更坚持自己的原有观点，这是社交压力效应。这些效应在参加者人数不多的面对面的交流中表现得更为明显。社交支持效应可以给人以很大的安慰，鼓励继续进行交流。通常，胆怯和紧张会影响交流效果，而社交支持效应会减少胆怯和紧张。诚然，社交支持效应也有负面的作用，在进行涉外交流时，得到来自自己文化背景的人的支持，也可能降低与不同观点的人继续交流的愿望，阻碍了对异文化的深入了解。

（五）组织内涉外交流的特点

1. 同一文化里亚文化组织的交流特点

各国的党、政、军、民、工、学、商等不同的亚文化组织，由于工作性质和特点，有各自独特的管理方法，其内部信息交流的渠道和方式方法也各不相同。比如，军队里的上下级沟通，更强调“一切行动听指挥”，而在学术团体中，上下级之间的交流常是以民主协商的方式进行的。

2. 同一行业中不同文化的差异

在不同国家的文化中，党、政、军、民、工、农、学、商等同行业组织间的价值观念和信息交流有其相似的地方，也有不同的特点，这常是引起冲突的原因。例如，同是经济上的生产组织，由于美国、日本和越南的文化不同，其生产组织的价值观也不同（见表5-2）。

表5-2 各国生产组织的价值观比较表

美　国	日　本	越　南
短期雇佣	终身雇佣	由国家长期雇佣
评价快、提升快	评价慢、提升慢	没有评价、有限提升
有特定的职业方式	没有特定的工作安排	变动的职业
明确的控制	含蓄的控制	协商式的控制
由个人作出决定	意见一致时作出决定	各群体之间作出决定
个人负责	集体负责	个人和集体共同负责
个人关心	集体关心	好几个集体关心

当来自美国、日本、越南的人员在同一个组织里工作时，在提升、工作任务、工作责任等问题上，就很容易引起冲突，这类冲突常常干扰组织的正常运转。

对比美国和日本的公司在上下级交流、决策过程、组织内冲突解决方式的不同，说明不同文化在组织内交流方面的差异。

1）上下级之间的交流

日本学者吉川1982年曾深入分析过美国公司和日本公司在上下级交流方面的差别，他认为这种差别突出表现在以下几个方面：

（1）美国人倾向直率，日本人倾向和谐。日本人认为和谐比直率好，因此他们尽量避免与不同意见者直接照面。日本的经理人员把成为有效的调停者作为首要目标，而美国的经理人员一般想成为有效的领导者。日本的经理人员极为重视区别原则性话语和真心话的使用，前者指台前词，后者指幕后语。日本公司内解决分歧总在幕后进行，而在集体会议上仅考虑和讲普通的事情；而在美国，绝大多数的组织会议上，经理人员的任务就是鼓励大家展开坦诚和直率的争辩。

（2）美国人偏爱务实交流，日本人偏爱情感式交流。在美国，上级极少同下级一起外出，即使一起外出，多半也是在谈论工作。在社交场合，下级可以尽情地谈论他所关注的一切事物和反对意见，上级不但不会奚落下级，反而会利用这些想法去提高下级的兴趣。日本的上级管理者一般很关心下级的态度和情绪。因此，日本人会在酒吧或其他社交场所安排非正式聚会，大家置身于此类环境，交流的主要任务就是更好地熟悉和认识。

（3）美国人比日本人更重视口头交流。美国文化认为信任就意味着一个人绝不食言，必须兑现口头承诺，而日本文化则对口头语言不太信任。

（4）美国人偏爱直接式交流，日本人喜欢通过中间人进行间接式交流。美国的经理们爱用直接交流方式，很少请另一个下级向某人转达自己的话，重要的事一般是亲自向那个人说。日本人觉得面对面直接交谈往往比较困难，需要某种居中缓冲的形式，有时通过中间人来斡旋。

基于这些差异，在一个由美国人和日本人组成的组织中，美国人和日本人的上下级之间的交流就变得非常麻烦和艰难。美国下级认为，日本上级的指示缺乏方向、信息量少和太绕圈子而难以明白地交流，而且总是回避争辩和冲突。日本下级认为，美国上级对下级的话动辄驳回而引起冲突和争辩，压制和专横过多，过于直率。

2）组织决策上的差异

决策的方式和过程是决策者文化的产物，反映出一种文化的价值观。日本的组织一般在作决策时，往往采取事前讲明、书面请示和中间人斡旋三种独特的办法。

（1）事前讲明。这个过程包括在采取行动前进行个别商议，这样做的好处在于：使个人或团体能有时间去了解大家表露出来的同感并加以调适，使他们理解某项决定的目的和基本理由，在公开会议上支持某项最终决定的地位。

（2）书面请示。这是恭敬地探询上级意图的制度，把有关文件广泛供人传阅，不少人通常在上面签署意见，而且每个人都必须在会议召开之前同意所呈交的建议书。

（3）中间人斡旋。利用中间人的斡旋，可以避免直接对抗和维持组织的团结。在微妙的多方面交流中，中间人可以知晓双方对立的见解，并努力化解分歧，或者使双方都不失面子地中断磋商。

美国人通常对于一种可供选择的意见进行公开的、坦诚的和直率的当面争辩，努力化解冲突，或者根据少数服从多数的规则表决，或者由上级裁定。美国人倾向于使用理性的、直面问题的方式，而不是把决策看做难以逃避的一件事，而是把它期待为获取成功的手段。

日本和美国的组织决策在速度、直接性、情感倾向以及解决冲突的方法和决策的标准等方面大相径庭（见表5-3），这一切差异造成了涉外交流的困难。

表5-3 美国人与日本人在制定决策方式上的对比表

制定决策时的交流程序	美国的方式	相应的美国文化因素	日本的方式	相应的日本文化因素
最后决策者	利用个别领导的指导人能力、个人承担责任	个人主义、对事态的独立控制	利用一群领导人的能力、共同分担责任	集体主义、相互依靠、群体倾向
初步意见的提出和协商	从上至下、很少讨论、利用专家的信息	权力、竞争依靠自己、让事情做起来	由下（或个层）至上、经常讨论事先征求意见	从属、合作、和谐参与转变
时间倾向	计划在前、迅速决策、决策后慢慢实施	重视将来、直线式思维、争分夺秒意识	适应于变化、经过诸领导圈阅较慢作决策、决策后立即实施	重视当前、螺线式思维、逐渐形成群体忠诚
最后作出决策的方式	个人决定、多数人决定、在不同意见中作出决定	在多种方案中作出选择、平等地表达、按程序办事	一致意见	接受已作出的选择、认可并尝试已提决策
评判决策的标准	“合理性”、实践中的“经验主义”	分析能获得多少物质利益	直觉的群体的和谐	整体性精神上约束
交流的方式	直接争论	认识论上的两分法	间接同意	感情上体谅周围的人

3）组织中冲突的解决方式

在组织之中和组织之间，冲突都是很常见的现象。为了把冲突限制在建设性冲突的范围内，大多数文化制定了自己解决冲突的办法。

有的学者提出，可以把处理冲突的方式分为三种类型：非对抗型、控制型和解决型。托马斯-基尔曼（Thomas-Kilman）提出了解决冲突的五种模式，即：协调、妥协、竞争、顺从和回避。这五种模式可以用坐标图 5-6 来表示，由于其形象直观常被涉外交流学者所引用。

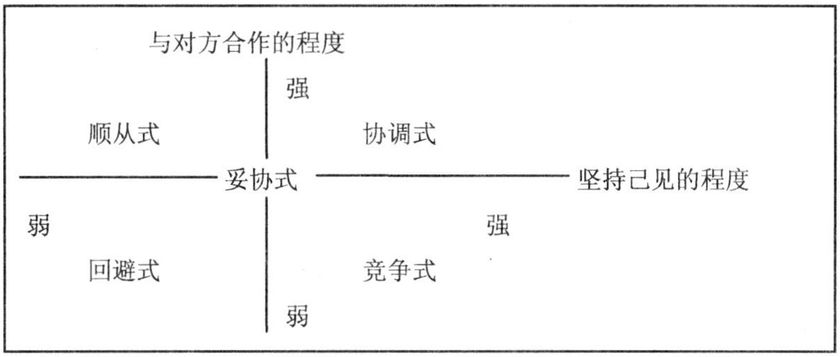

图 5-6　托马斯-基尔曼的冲突解决模式图

图中横坐标表示一个人坚持己见的程度，纵坐标表示的是在冲突中满足对方要求的意向，即乐于与对方合作的程度。一个人如果坚持己见程度强、合作意向弱，那么他解决冲突的模式是竞争式的；一个人如果坚持己见程度弱，合作意向强，那么他解决冲突的模式是顺从式的；一个人如果坚持己见程度强，合作意向也强，那么他解决冲突的模式就是协调式的；一个人如果坚持己见程度弱，合作意向也弱，那么他解决冲突的模式是回避式的；一个人如果坚持己见程度居中，合作意向居中，那么他解决冲突的模式是妥协式的。

不同文化对这些模式评价不同。费希尔（G. Fisher）说，在商业谈判中发生冲突时，美国人对“妥协”是热情的支持者，他们把它看做是经商自然而然的方法，并具有道德的意味。而日本人恰恰相反，他们带到谈判磋商桌面上的是经过深思熟虑的、各方面达成一致的意见。因而，他们一般不准备妥协，除非他们再重新通过各方面达成一致意见。法国人认为只要提出充分的理由，妥协就是恰当的。而对墨西哥人来说，妥协与个人荣誉相关，不妥协就是在维护个人的荣誉。

虽然在每种文化中，都会出现运用上述五种模式解决冲突的情况，但是，每种文化在解决组织之间的冲突时，对所用的方法有所偏好。在日本，人们强调共同的信仰、集体的成就、在众人跟前维护面子，这就导致日本人倾向于协调式。美国人强调竞争、机会均等和强烈的个人主义，这导致美国人在解决冲突时偏好竞争式。这就是说，在解决组织内冲突的时候，冲突各方尽量在牺牲对方利益的基础上，为自己争得更多的利益。

由于日本文化和中国文化比较接近，因而上述研究中对日本的描述在某种程度上也适合于中国的情况。

三、组织间的交流

（一）涉外组织交流应注意的问题

1. 知己知彼

有效的涉外组织交流需要交流者知己知彼。不仅要了解双方所在的大的文化背景的特点——语言、思维方式、世界观、价值观念、风俗习惯等，而且要了解各组织独有的文化特色，诸如了解环境与目标对组织文化的影响；了解该组织决策人的文化特征；熟悉对方组织内部交流的特点、该组织内部的矛盾。其中，了解对方组织哪些方面与自己组织的价值观不同尤为重要。除此之外，了解一个组织的历史对了解该组织很有帮助。比如，不了解美国的黑人奴隶贸易历史，就难以深入认识黑人的心理。对犹太人，若不了解他们在古代被迫流散世界各地的历史，也不了解上个世纪德国纳粹屠杀600万犹太人的历史，就无法理解他们的态度、立场和价值观。另外，每个组织都有与其他组织关系的历史。如果两个组织有互不信任的历史，要想在两个组织之间的关系方面做点事情，那就得从两者关系的实际情况出发；否则，改善两个组织之间的关系的努力常常会失败，重要原因之一就是对过去的历史不够注意。

2. 心理偏见

大量研究表明，不同的组织之间即使是很小的区别，在交流者看来有时也是很引人注目的，而且这些区别经常被夸大和歪曲成为消极的形象和成见。对此，学者们提供了许多不同的解释，其中谢里夫（C. W. Sherif）的解释最有说服力。他认为，组织之间的冲突源于参与者作出了谁属于本组织成员和谁属于外组织成员的区分，把社会分成了“我们”和“他们”。只要形成组织之间的概念，自然地就会导致对外组织成员的歧视。形成这种情况的原因，可能是由于历史上各组织、各民族和各国之间的战争，以及现在人们彼此的竞争，彼此之间缺乏了解形成的成见和偏见等。在组织中，山头、派系、派性、宗派、门户之见都是这种“我们”和“他们”的反映。

此外，民族优越感也是这种情况的反映。在古代，中国把边疆地区的民族称为“东夷”、“西戎”、“南蛮”、“北狄”，都有些贬义。在汉语里，至今还存在一些歧视历史上西北民族的语汇，如“胡说”、“胡话”、“胡诌”、“胡扯”、“胡闹”、“胡来”、“胡言乱语”、“胡作非为”、“胡思乱想”、“胡搅蛮缠”等。在外国，古希腊的雅典人把境外的人一律称为“野蛮人”（Barbarians）。英国把自己的国名称为“大不列颠及北爱尔兰联合王国”。在英语同汇中，也有许多歧视外民族的词汇，其中对外组织的歧视和敌视的程度是随着外组织特色程度的提高而提高的。像词汇 Stranger（陌生人）和 Alien（异邦人）都隐含着中等程度的贬义，而 Spic（墨西哥人）、Honkie（白人）、Kike（犹太人）、Nigger（黑人）、Wop（意大利人）等则含有特定的或强烈的敌意。在俄国有大俄罗斯主义，法国有沙文主义，犹太人把自己称为上帝的选民，德国则有人认定日耳曼民族是最优秀的民族、其他民族都是劣等民族。信仰天主教的菲律宾人也有自己是上帝宠民的传说：当上帝造人的时候，他把泥土做成的人放到窑里去烧，第一次他把泥人烧过了头、烧焦了成了黑人，上帝不满意，把黑人放到了非洲。上帝又做了个泥人，又放到窑里去烧，这次取出来得太早了、欠火候，烧成白的了，上帝不满意，把白人放到了欧洲。上帝又做了第三个泥人，放到窑里去烧，这次烧得恰到好处，上帝很满意，便把这种金棕色的人放到了菲律宾。

民族自卑感则是另一种反映。一个组织、民族被另一个组织、民族压迫和统治时，也会有组织或民族自卑感，特别是一些弱小民族和组织。所以，这种心理也同样妨碍着群体之间的正常交流。

历史和现实都教导人们去这样做：人们更信任“我们”中的人。社会心理学家发现，“他们”不如“我们”好的社会心理，是任何研究人际间、组织间、国际间关系必须考虑的因素。在“我们”和“他们”友好相处的时期，“我们”也会客观地发现自己的不足和“他们”的一些优点。但是，当彼此关系恶化时，特别是受到“他们”的威胁时，情况会大变，特别是在两个组织处于对抗时，上述心理偏见就更加严重了，从而成为涉外交流中的重大障碍。

（二）中、美、日商务谈判的特点

工、农、商、学、兵各种组织的交流各有特点，不同文化的相同行业之间的交流也特色鲜明。下面以商业为例，说明不同文化在进行组织交流时，为避免误会，应注意的文化差异。

在美国人的眼里，中国人是世界上最难谈判的对手，中国也是最难理解和适应的国家之一。美国学者派依（Lucian Pye）通过对参与中方商务谈判的美国商人的调查研究，归纳出了中国人进行商务谈判时的 17 个特点：

(1) 中国人强调信任和相互接触。

(2) 中国人说话算话。

(3) 中国人对长期的利益更感兴趣。

(4) 中国人对外国人称其为内行专家反应良好。

(5) 中国人对别人轻视中国人特别敏感，他们喜好宣传式的口号和代号。

(6) 很多美国人认为，中国人有意地利用拖延作为讨价还价的手段，因为中国人认为可以利用美国人不耐烦的天性。

(7) 在第一次接触时，中国人通常会被他们不成文的传统做法所束缚。

(8) 美国商人应意识到，只有在中国人宽容的情况下，他才能做事，否则他很容易一到中国就做错事。

(9) 中国人似乎有一种迫不得已地去强调友谊的问题，这使得许多美国商人认为，互惠是与中国人谈生意的一个先决条件。

(10) 一旦中国人决定了谁和什么货最合适，就会表示出很强的坚定性。

(11) 中国人有时在讨论最后的具体协议时，会提出美国人破坏了以前建立起来的商业友谊，从而向美国人施加压力。

(12) 在与中国人谈判时，在实现之前一切都不是最终的结果。

(13) 当中国人提出明显的个人利益诉求时，美国人必须作出适当的反应，否则商务谈判的内容不会被认真地加以考虑。

(14) 为了不失脸面，中国人喜欢通过中间人来进行谈判。

(15) 中国人想把商业谈判的开头搞得十分愉快——喝茶、闲谈，然后才正式开始讨论商业会谈。

(16) 一些美国商人感到，中国人与他们做生意最初的关键标志是中方参加会议人的级别。

(17) 当中国人感到自己的目的正在被危及的时候，他们的姿态就会很强硬。

美国学者哈里斯（Philip R. Harris）和莫兰（Robert T. Moran）专门论述过日本商人和美国商人进行商务谈判时，需要处理的文化差异，并提醒美国商人应该记住以下几点：

(1) 在与日本人做买卖时，要考虑到给他面子和达成和谐比获得高销售和高盈利更加重要。

(2) 第三方的介绍非常重要，日本人比较喜欢这种间接途径，也就是说，在谈判成功或破裂之前，你都可以利用一个中间人或仲裁人来传递意见。

（3）无论你接近日方组织中的哪个人，都要最大限度地与其接近，而你所接触的第一个人也应该参与谈判。

（4）避免直接谈论钱财问题，把这个问题留给中间人或下级官员去同对方交换意见。

（5）千万不要把日本人逼入必须承认失败或无可奈何的境地。

（6）不要夸奖自己的产品和服务，要通过文件资料或中间人去说明。

（7）使用印有头衔的商务名片，最好用日语和英语两种语言印刷。

（8）与日本人接触，光靠逻辑的、认知的或者理智的方法是不够的，情感层次的交流极为重要。显然，对待一个熟知的商务伙伴和对待一个陌生者就完全不同。

（9）在资深行政人员参加的会议上要带翻译。会议越是重要，资深的行政人员越是应该参加。

（10）对会谈前期的品茶和无关问题的闲谈也要有耐心。

从上述特点中，我们也可以得到一些如何与美国或日本商业组织进行交流的启示。

四、组织的文化变迁

（一）涉外交流是文化变迁的重要因素

不同群体组织的信息交流，是一个群体组织文化发展变化的动力之一。历史和现代科学证明，世界各族人民都具有独立创造和发展自己文化的能力，在历史上都曾有过光辉的表现，对人类文明作出过各自的贡献。各种文化之间总是在互相交流、互相吸收和互相融合，一个群体组织对其他组织所创造的优秀文化的借用，减少了重复劳动，促进了人类文明的发展。文化人类学认为，有两大因素可促使一个群体组织文化的发展变化：本组织内部的发明、发现是使自己文化发展变化的内部原因；与异文化的接触和交流是源文化发展变化的外部原因。

因此，当今世界上没有哪一种文化是纯而又纯的、没有吸收任何外来文化的文化。历史表明，一种文化愈是能够吸取其他文化的精华，就愈能发出夺目的光辉。文化交流是促进文化发展和人类文明进步的有力杠杆之一。

（二）吸收借用外来文化的规律

文化人类学的研究表明，虽然在涉外交流中，各个组织对异文化成果吸收借用的过程因为不同条件而呈现出很大差异，但还是可以从中总结出某些规律①，主要有：

1. 吸收借用具有选择性

人们不是接受异文化中的所有成分，而是具有选择性的。其选择的标准主要有：使用价值的大小——使用价值越大者越容易被借用，反之则不易被借用；适应原有文化模式的状况——与原有文化模式相协调或差异不大者，就容易被借用，反之则不易被借用。

2. 物质文化的借用先于和多于精神文化的吸收借用

在涉外交流中，一般的情形是物质文化的借用先于和多于精神文化的借用。因为，物质文化的利用价值比较容易判断，它与原有的意识形态并没有直接的冲突；而精神文化的情况恰恰相反，一种理论或观念往往打上民族和阶级的烙印，与其原有的传统或占统治地位的意识形态极有可能发生冲突，因此它的借用会遇到更大的阻力和困难。

3. 人们吸收借用的速度不同

由于不同的人具有不同的动机、价值观念、既得利益，以及对变迁的先天倾向，因而在一群体或社会中的一些人会比其他人更迅速地吸收借用某种外来文化。

4. 接触的持续时间与密切程度影响吸收借用

那些不断直接接触异文化的群体或民族，比那些偶尔零星接触者更可能进行文化上的吸收借用。例如，中国东北的锡伯族人在清朝乾隆时期有一部分迁往新疆的伊犁地区，有一部分留在了东北。200 多年后，留在东北的锡伯族人由于不断与汉族文化接触，他们借用了很多汉文化；而迁往伊犁地区的锡伯人由于伊犁地区地理环境上相对隔绝，与汉文化和其他文化的接触都比较少，因而他们更多地保留了锡伯人原有的民族文化特色。

在今天，由于大众传播媒介的迅猛发展，人们通过影视和网络直接接触西方文化的频度和密度，与 20 世纪特别是第二次世界大战之前相比，有了巨大的提升。其直接结果就是很多发展中国家的文化迅速西化。

5.“失去平衡”的社会环境促进文化吸收借用

任何社会中都总会存在着不满现状的人群。在一个社会中，如果不满现状的人数多到了一定程度，就很可能对现状提出挑战。一个有着大批人寻求

---

① 参见［美］克莱德·M. 伍兹：《文化变迁》，何瑞福译，河北人民出版社 1989 年版，第 3 章。

改变现有生活方式的社会，会比一个满足现状者占支配地位的社会更容易发生变迁。例如，佛教传入中国后，之所以能在魏晋南北朝兴盛起来，一个很重要的原因就是当时的中国极度动荡，社会系统失去了平衡。中国近代历史的情况也能够说明这一点。

6. 相似的文化背景利于文化吸收借用

一种文化借用另一种文化的程度与速度，受两种文化共性大小的影响。例如，从宏观来讲，近代中国往往是通过向日本学习来吸收西方文化的。这是由于中国文化与日本文化有很多相似之处。从微观来讲，交流者的身份常常决定其借用异文化的范围，如商人、艺术家、政府官员相对会更容易吸收借用外来文化中同类人的文化特征。

7. 某一方面的吸收借用有时会引起连锁变化

文化体系中某一部分的借用，通常会引起其他部分相应的变迁。特别是一个能有效提高社会劳动生产力的生产技术的引进，会导致文化中多方面的连锁变化。例如，在中日文化交流史中，公元前3世纪左右，中国铁制工具和稻作技术传入日本，使日本由渔猎的“绳文文化”发展成为农耕的“弥生文化”。

8. 吸收借用一般是双向的和不平衡的

群体组织与群体组织或民族与民族之间的文化吸收借用一般是双向的，即使一个民族统治另一个民族，借用一般也是双向进行的。我国满族汉化的过程即是一例。1644年满族入关之后，吸收了大量汉族文化，使用汉语和汉字；与此同时，汉族也吸收了一些满族文化。例如，今天代表中国的民族服装旗袍就是从满族妇女的服装演变而来，这就是双向的相互吸收。当然，满族吸收的汉族文化要比汉族吸收的满族文化要多，因此，吸收借用是不平衡的。欧洲白人统治美洲土著居民之后的发展也表明了这种双向性和不平衡性。白人带来了马匹，但借用了印第安人的独木舟。现今很多美洲印第安人住在欧洲式的房屋中，而很多美国人则在假期生活在帐篷中。印第安人接受了欧洲的许多生活习惯，白人也借用了印第安人的玉米、大豆、西葫芦、玉米粥、爆玉米花、野生稻、甜瓜、可可、西红柿、南瓜、马铃薯和火鸡，还向北美洲的印第安人借用了烟草，向墨西哥人借用了吸用烟草卷的习惯。不过，印第安人吸收借用的欧洲文化要远远多于欧洲人从印第安人那里吸收借用来的文化。

9. 对吸收借用的外来文化重新解释

对吸收借用的外来文化通常要在形式、功能和意义上加以改变，以适应接受方文化的需要，全部照搬照抄的情况很少。例如，历史上，中国的儒家思想强调的是“仁”，但是当儒家思想传到了日本之后，日本人强调的则是“忠”。美国人类学家亚当森·霍贝尔（E. Adamson Hoebel）所提到的北美各印第安民族对太阳舞的采纳和重新解释的例子，也充分说明了这一规律。

太阳舞是一种复杂的仪式，由齐恩尼族和阿拉帕荷族传播到西部平原地区的其他部落。太阳舞的基本核心在各地都一样，但在从一个民族传播到另一个民族的过程中，其形式、功能和意义都得到不断的重新解释。在尤塔人和萨珊人中，太阳舞被抽去军事的色彩，因为这些民族基本上是爱好和平的，没有军事性组织；相反，他们把它当成一种斋戒和治病的仪式。对于高度穷兵黩武的科罗人来说，太阳舞是战争集会的序幕。而对于齐恩尼族，它成为一种世界复活的仪式。科芒奇人也曾一度跳太阳舞，想使自己刀枪不入，但后来在战争中大败，就不再跳了，因为这种仪式不能为他们发挥作用，对他们没有意义。目前，印第安各居留地跳太阳舞，目的在于消除由于与非印第安人社会接触所引起的分化力量的影响，以增强民族的凝聚力。

10. 一种文化的内核不易变迁

文化中的内核部分较为稳固，不易变迁，对此多数学者们已取得共识。然而，对于究竟哪一部分属于内核，最不易于变迁，学者们还有争论。人类学中有一个强劲的传统，认为行为的变迁先于信仰的变迁，怀特的文化发展能量理论对此有明确的论述。他认为，技术的变迁先于社会学的和意识形态领域的变迁。费利克斯·基辛认为，身心的条件作用、信息的传达、机构的保留、原始的民族关系、特权地位的保持，以及领土的和意识形态的安全等，是最不容易变迁的；而诸如工具、礼仪、军事技术、爱好及表达的方式、既成的等级制度、竞争的行为方式，以及非个人的或组织的社会结构等，则比较容易变化，因而也就可能首先发生变迁。

另外，有人提出，不论引起变迁过程的原因是什么，主要价值倾向是指导变迁方向的基本准则。与此相反，源自社会学的一个针锋相对的观点则认为，意识形态制度更为根本，它不是抑制就是促进了变迁的过程。

综上所述，涉外交流中的吸收借用具有以下特点：它是个选择的过程，有各不相同的速度，它常是双向进行的；它受到接触的持续时间与强度、两个文化组织的共同性等因素的影响；被借用的文化的内容，通常由接受的一方在形式、功能、意义上给予重新解释；文化中的某些领域较其他领域不容易发生变迁；技术的变化会引起文化的一系列的连续变迁。

吸收和消化异文化是个极其复杂的过程。吸收借用的内容、方式和原因取决于多种因素，随着情况的不同而不同。

（三）组织吸收借用外来文化的过程

在涉外交流中，来自异文化的一个新的思想观念和发明创造是如何被一个组织吸收借用的呢？美国学者罗杰斯（Everett M. Rogers）认为，若是一种创新对某个组织产生效用，其被采纳的过程便从特定个人到特定个人。由于不同的人具有不同的动机、价值观念、既得利益，以及对变迁的态度，一些人会比其他人更迅速地采纳新的做法。他提出了采纳者的五种类型，并构成一条曲线（见图 5-7）。

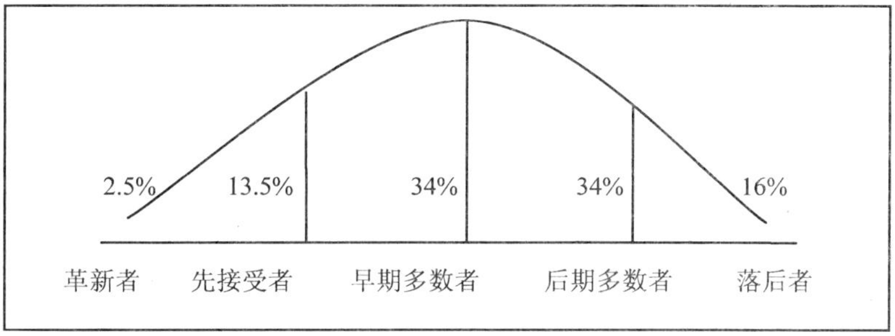

图 5-7　群体成员接受新发明的不同类型

罗杰斯认为，在任何组织中，其成员对吸收借用新发明的态度均可分为五类：

（1）革新者。指那些首先接受一种新做法的人们，他们总是少数。他们有创新和冒险精神，对外部世界有很强烈的探索欲，具有理解复杂技术知识的能力，而且还和组织中的群众联系紧密。

（2）先接受者。他们是受人尊敬、在当地文化传统中比革新者具有更多既得利益的人。

（3）早期多数者。他们是不大可能占据领导地位的人们，在采取行动之前，会仔细考虑。

（4）后期多数者。他们是在普通人中较晚采纳的那部分。他们多疑，对他们来说，同辈的压力促使他们随社会上其他人员的大流。

（5）落后者。他们在组织中更加保守，往往怀疑任何变迁，宁愿保持现状。

借鉴罗杰斯的研究成果，在涉外交流中，想使一个组织接受某一新观念、新事物，必须设法改变该组织中的革新者与观点领袖们的态度及价值观。

(四) 指导变迁

指导变迁是指领导者主动地和有目的地介入一个群体、一个组织、一个民族的技术、社会和思想的习俗转变之中，即文化的变迁。在当今的世界中，文化的变迁是不可避免的。如何主动地指导一个组织的文化变迁，日益引起学者们和组织领导人的兴趣。

亚瑟·H. 尼霍夫在研究了许多指导变迁的事例后指出，一个变迁的计划能否被一个组织所接受和整合，取决于变迁的推行者和变迁的接受者各自的“行动”与“反应”，他的这种关系可用图 5-8 表示。

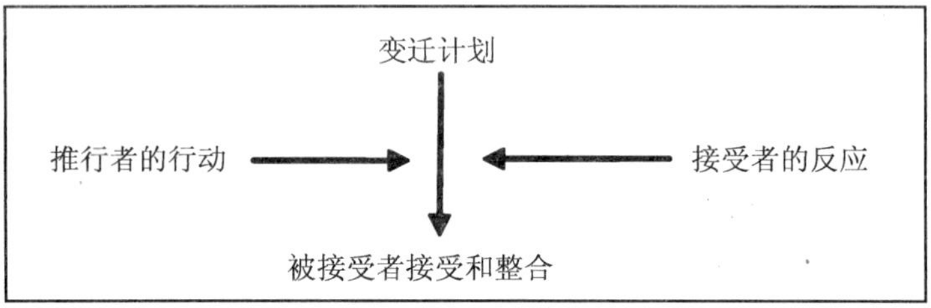

图 5-8 尼霍夫指导变迁关系图示

尼霍夫认为，涉及变迁推行者“行动”的三个因素最为重要，它们分别是：传递信息所使用的方法、接受者参与的类型、新文化适应现存文化模式的方式。与接受者有关的三个重要因素是：接受者是否对新的文化成分一开始就感到需要，接受者是否看到采纳新的文化成分会带来实际利益，接受者的传统领导者是否参与并以身作则。如果所有这些因素或这些因素的多数是肯定的，那么新的文化成分就肯定会被接受。

第三节 国际传播

一、国际传播的研究对象

国际传播，即通过大众传播媒介进行的跨越民族国家界限的国际信息传播及过程。国际传播包括两个部分：由外向内的传播和由内向外的传播。由外向内的传播是将国际社会的重要事件和变化传达给本国民众；而由内向外的传播是把有关本国政治、经济、文化等方面的信息传达给国际社会。

(一) 国际传播的渠道

在当今信息社会，跨越国界的信息交流，已由古代的涓涓溪流变为汹涌大潮。这个大潮通常由如图 5-9 所示的几股支流汇合而成。

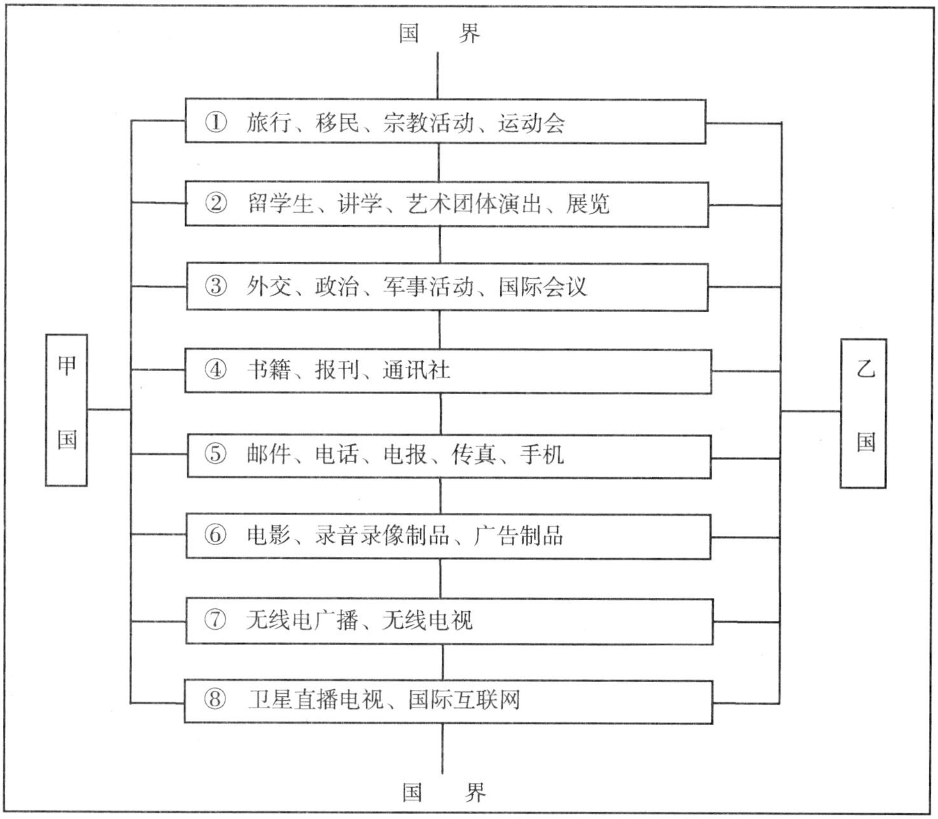

图 5-9 国际传播和文化交流的各种渠道

上述国际传播的渠道可以大致分为人际交流、组织交流、大众传播三种形式。其中①~③的交流形式表现更多的是人际交流和组织交流，它们是古已有之的传统的国际传播和文化交流形式，在现代只是由于交通工具的发展而更加频繁。这种涉外交流在前面已经叙述过了。④~⑧的交流形式是随着科学技术的发展而出现的现代国际传播形式，表现更多的是利用大众传播媒介的交流。通过大众传播媒介进行的国际传播和文化交流日益重要，这里主要论述的就是这部分内容。

（二）国际传播的信息发送者

在通过大众传播媒介的国际传播和文化交流中，信息发送者有两种类型：

1. 国家政府组织

在不断冲刷着地球的信息洪流中，很多是国家官方机构发出的信息，其中很多不是中性的，而是有目的地宣传，通过语言、文字、声音、形象对他国受众的感知和观点施加影响。通过国际广播电台发出的大量的信息都是有目的的，即人们所说的宣传。国际上的宣传通过民间外交、文化交流、海外信息节目、国际公关活动、意识形态渗透等活动进行。

世界绝大多数国家建立了对外传播和文化交流机构，有意识地影响外国受众。像美国新闻署（USIA）、美国之音、莫斯科广播电台、英国新闻处、英国 BBC、中国国际广播电台、德意志电波电台等都属于这一类。

2. 非政府组织或个人

非政府组织或个人也是国际传播信息的发送者，从信息发送者是否有意影响外国受众的角度看，它们分为两种：

（1）有意影响他国受众的信息发送者，它们是一些民间的、私人的组织或个人，比如民间的禁止核武器组织、绿色和平组织，这类组织或个人为数不多。

（2）无意影响他国受众的信息发送者，属于这一类的是各国以赢利为主要目的的文化制品企业，如民间的各种影视发行公司、音像制品发行公司、演出公司、出版社等。在市场经济中，这部分信息发送者发出信息的能量是相当大的。例如，美国私人企业的大众文化制品在世界上的传播和影响甚至比美国之音等所产生影响还要大。

上述分类的界限常常是很模糊，政府常常在暗中以经济等手段支持私人企业的一些活动，以达到宣传的目的。例如，美国政府在经济上支持一些出版商在国外以比国内低得多的价格销售书籍。

在现代社会，运用大众传播媒介的不是单独的个人，而是一定的组织机构，这些机构常属于一定的社会集团、一定的阶级、一定的政党。政府介入所有信息交流领域为世界公认，正如联合国教科文组织有关报告所指出："关于政府当局越来越介入所有交流领域的趋势，通常提及的主要原因有三个：第一，思想政治上的原因。政府在公共生活其他领域中所负有的越来越多的责任必定包括交流，或者至少包括交流的某些方面。第二，财政经济上的原因。日益上涨的交流费用常常需要政府投资；不过，在许多发展中国家，无所谓在私有的还是公有的交流工具之间进行选择，只能在公有的交流工具还是根本就没有工具之间选择。第三，道德上的原因。新闻、文化、教育以及娱乐对整个国家的影响有必要引起当局注意。然而，国家在交流领域中的权力可能因当局的自我节制、公民的行动以及经济的制约而受到限制。"①

（三）国际传播的内容

通过大众传播媒介的国际传播的内容大致可以分为三大类：

1. 国际新闻

新闻，一般认为是"新近发生的事实的报道"，它有以下几种形式：简讯、消息、通讯、新闻特写、调查报告、记者述评、记者来信或采访札记、答记者问、新闻公报等。

在国际传播中，政治家更关心的是新闻传播，因为其效果短期即可见到。例如，2015 年土耳其击落俄国军机的消息播出后，立即引起了各国外交上的反应。

新闻传播失控可能产生重要反响。例如，1992 年 12 月印度全国爆发宗教骚乱事件，保守的政府电视台根本没有报道，但是拥有卫星电视天线的用户，通过收看英国广播公司电视台的节目，看到了印度政府不想让公民看到的事件。许多人说，电视台不报道这次事件不仅没有缓和紧张局势，反而助长了骚乱。

2. 大众文化

在国际传播中，另一类大量的信息是大众文化（Mass Culture），即利用书报、杂志、电影、电视节目、大众音乐、录音带、录像带、光盘等大众传播媒介传递的大众性娱乐性文化。学者更关心大众文化的传播，因为它寓教育、说服等传播功能于受众的愉悦之中，起到潜移默化的作用。它的效果经过较长的时期才能显现，其作用也更为深远，难以在一朝一夕加以改变。

3. 经济科技信息

跨国资料流通（Transborder Data Flow）是国际传播的一个重要内容。它是指通过计算机和其他电信传播系统，建立各国有关的资料数据库的联机网络，储存和检索所需资料数据。跨国资料流通在银行业、保险业、航空航

① ［爱尔兰］肖恩·麦克布赖德：《多种声音一个世界》，中国对外出版公司第二编译室译，中国对外翻译出版公司 1981 年版，第 166 页。

天业等企业，以及自然科学、社会科学研究中应用广泛。例如，一位科研人员研究“亚丁湾护航”的课题，他可以在某大学图书馆进行国际联机检索，利用关键词“亚丁湾护航”查询世界上有关这一问题发表了哪些论文。经济界的企业家和银行家以及科技人员则对经济和科技信息更感兴趣。

二、国际传播中的国家

国际传播和文化交流是一种特殊的涉外交流，它是跨越国界的涉外交流，是在主权国家之间的交流；它的信息发送者主要是一主权国家的政府机构和企业集团，是以国家利益为基础的交流；它是与国家的政治、经济、文化发展密切相关的交流。

(一) 国家主权

主权是指一个国家在其领域内拥有的最高权力。根据这种权力，国家可以按照自己的意志决定对内对外政策，处理国内国际一切事务，而不受任何外来干涉。在国际法和国际关系中，主权就是一个国家不受外来控制的自由，即对外主权。1970 年 10 月 24 日联合国大会通过的《关于各国依联合国宪章建立友好关系及合作之国际法原则之宣言》中宣称：“任何国家或国家集团均无权以任何理由直接或间接干涉任何其他国家之内政或外交事务。因此，武装干涉及对国家人格或其政治、经济及文化要素之一切其他形式之干预或试图威胁，均系违反国际法。”①

(二) 国家的阶级性和民族性

在国际事务中，国家的利益是制定政策的基础。国家利益主要包括安全、经济和政治利益。国家利益既具有阶级性，又具有民族性。

一方面，国家利益与阶级利益是密切联系的。马克思主义认为，国家是维护一个阶级对另一个阶级的统治的机器。在经济上占统治地位的阶级，在政治上也一定要占统治地位；否则，经济上的统治地位就不能巩固。国家是一个特殊的暴力组织，以军队、警察、法庭、监狱等为统治工具和支柱。国家利益中的带有鲜明的阶级利益的色彩。在政治领域，国家的统治阶级把自己的意识形态和所主张的政治制度作为国家利益的一个重要组成部分；在经济领域，所谓国家的经济利益，时常是统治阶级的利益。例如，当英国在1840 年对中国发动侵略战争时，英国的统治阶级声称这次战争是为了英国的国家利益，但事实上，英国的工人阶级都反对这次无耻的战争。英国当时

---

① 王铁崖、田如萱：《国际法资料选编》，法律出版社 1982 年版，第 5-6 页。

的外交政策实际上就是统治阶级——资产阶级的外交政策。

在另一方面，国家利益带有民族利益的特色。所谓国家的民族利益，是包括该国家中各阶级、各民族的利益，即该国全体国民的利益。任何一个国家都有若干阶级、阶层。虽然每一个阶级、阶层都有其特殊的利益，但是它们又有着共同的利益——保卫国家的主权和领土完整，抵御外来侵略，维护自己国家的生存权和发展权；维护自己的民族语言、宗教、风俗习惯的权力。任何一个国家的统治阶级都不会也不能忽略国家的民族利益，因为，统治阶级的统治是在其管辖范围内得以实现的，没有民族的生存和发展，统治阶级也无法存在。例如，在 1936 年年底，面对日本帝国主义的入侵，中国共产党和国民党结成了抗日统一战线。

阶级利益和民族利益所构成的国家利益是对外政策、国际传播、国际文化交流政策的基础。虽然在全人类中也存在着一些共同的利益，如环境保护、保护野生动物等，但是，当各个国家在制定对外政策时，总是优先考虑本国的利益。

（三）国际文化交流、国际传播与对外政策

国际文化交流和国际传播成为各国实施国际战略和外交政策的四大手段之一（其他三大手段分别为政治外交手段、经济手段和军事手段）。周恩来总理曾形象地称对外文化交流为中国外交工作两翼中的一翼。①美国前负责教育和文化事务的国务卿首席助理菲利普赫库姆克斯说，除了政治、经济和军事问题之外，教育和文化事务是现代国家外交政策的第四个，也是最人道的组成部分。②

1. 国际文化交流是传统的实施国际战略和外交政策的手段

国家利用教育、体育、艺术等国际文化交流活动，实现本国的战略和政策目标，如根据政府间协定进行的文化、体育团体互访和演出、比赛、展览、交换留学生等。这些活动虽然在客观上增进了各国人民之间的相互了解和友谊，但各国政府主观上都有着本国的战略考虑，绝不是“为艺术而艺术，为交流而交流”。

许多国家，特别是超级大国，从来就是为了本国的利益和目标，不惜花费力量来利用文化交流手段推行本国的战略和政策。例如，美国派人到外国

① 参见中华人民共和国文化部对外文化联络局编：《中国对外文化交流概览》，光明日报出版社 1993 年版，第 46 页。

② J. M. Mitchell. *International Cultural Relation.* Allen & Unwin Ltd，1986，pp. 1-2.

从事教育、医疗卫生、传教活动，同时接收大批外国留学生，都有其维护本国战略利益的长远考虑。1958 年，美国政府曾计划邀请几千名苏联大学生到美国留学，费用由美国支付。艾森豪威尔说，他提出这个计划的考虑是："有朝一日，一批新人将在苏联掌权。我要努力争取的正是这一代。"在当今世界，就连政治色彩最淡的体育比赛也常常被用于国家战略和对外政策的实施。1980 年，为抗议苏联入侵阿富汗，中国、美国、日本等 58 个国家抵制了在莫斯科举行的第 22 届奥运会；作为报复，苏联等 13 个国家在 1984 年也抵制了在美国洛杉矶举行的第 23 届奥运会；为抗议伊拉克入侵科威特，1990 年在北京举行的第 11 届亚运会组委会没有邀请伊拉克参加；20 世纪 70 年代初，中美之间的"乒乓外交"则在中美关系史上留下了令人难忘的一页。

2. 国际传播是现代的实施国际战略和外交政策的手段

国家通过广播电台、电视台、音像制品、出版物、报纸杂志、外国新闻中心等大众传播媒介实施的国际传播，来推行本国的战略和政策。它可分为两方面内容：一是对本国意识形态、社会制度、价值观念等的宣传和对本国的战略、政策、立场、态度、主张的宣传；二是以其他国家公众为对象，对该国政治、经济、社会等方面的情况作有利于本国的客观和非客观报道（甚至包括欺骗、造谣中伤），以影响他国民众的思想和情绪。

世界上很多国家重视在对外战略和政策中对新闻媒介工具的运用，一些国家为此专门设立了从事国际宣传的机构和专门对外广播的电台。在冷战期间，美苏两国在对外宣传方面曾花费了大量的人力、物力和财力。以美国为例，每年用于对外宣传和文化交流的花费高达 30 亿美元；美国政府战后设立的"美国新闻署"，由国会直接拨款，它拥有 9300 名工作人员，每年经费达 7.96 亿美元，在 83 个国家设立了 135 个图书馆或阅览室，并用多种文字出版了 10 种杂志和许多书籍。1964 年，美国第 28 届国会外交委员会在第二次报告中说："有些外交政策的目标是能够直接对付外国人民而不是他们的政府。通过应用现代新闻媒介，今天有可能联系外国中的大部分人或对其有影响的一部分人，……向他们报道，影响他们的态度，有时甚至诱导他们向我们设想的行动方面发展。这部分人反过来就能够对他们的政府施加明显的，甚至是断然的压力。"①

---

① ［美］赫伯特·席勒：《新闻工具与美国帝国》，载《国际新闻界》1979 年第 1 期，第 2 页。

在苏联和东欧剧变之后，美国撤销了“自由欧洲电台”，增强了美国之音电台亚洲发射台的功率；1994年4月美国国会通过《1994和1995财政年度对外关系授权法》，批准设立“自由亚洲电台”。1995年美国新闻总署提出的预算约为14.3亿美元。正如邓小平同志所说：“可能是一个冷战结束了，另外两个冷战又已经开始。一个是针对整个南方、第三世界的，另一个是针对社会主义的。西方国家正在打一场没有硝烟的第三次世界大战。所谓没有硝烟，就是要社会主义国家和平演变。东欧的事情对我们来说并不感到意外，迟早要出现的。东欧的问题首先出在内部。西方国家对中国也是一样，他们不喜欢中国坚持社会主义道路。”①

（四）国际传播与国际经济

国际传播是经济生活的一个组成部分，从传播的组织结构和内容上来看，传播在很多方面与经济是分不开的，特别是20世纪70年代以来，在决定国际传播的各因素中经济因素的作用日益提高。经济实力又是国际传播的基础，国际传播与经济二者之间相互依赖。

1. 国际传播有助于外贸经济的发展

（1）信息产业本身已成为一个新兴的经济产业。据联合国教科文组织的统计，1986年，世界的信息和交流产业的总营业额约为11000亿美元，占世界总产值的8%~9%。美国、日本和欧洲经济共同体成为信息行业发展的主要中心。它们在信息商品和服务生产中所占的份额约为90%。世界上信息和交流部门中有304家公司的营业额达1.8亿美元，其中美国的占145家。②美国的电影和音像制品继航天工业后，已占据美国对外出口的第二位。而进入21世纪，2014年世界信息产业规模已达1.97万亿美元，预计2018年可达2.34万亿美元。③

（2）迅速、稳定的信息流通在现代经济生活中至关重要。当今社会，竞争的胜负在很大程度上取决于对信息的掌握。生产者掌握了正确的市场信息就能以比竞争对手更优惠的价格、更优良的品质、更合适的规格提供商品，占领市场。投资者掌握了股票、期货、汇率、利率的走向就能获取高额

① 《邓小平文选》第3卷，人民出版社1993年版，第344页。

② 联合国教科文组织编，新华社新闻研究所外国新闻研究室译，丁仰炎校：《世界交流报告》（上），中国华侨出版社1992年版，第176、206~215页。

③ 《2014—2018年世界电子信息产业发展前景预测分析》，载中国产业洞察网，2015年6月2日。

利润。据报道，现在日本的经济企业在 5~60 秒钟内可以查询到世界各地金融市场的行情；在 1~3 秒钟之内可以查询到一万个大公司的年度经营生产情况；在 5 分钟内，可以用计算机模拟绘制出国内外经济变化可能带来影响的变动曲线和图表。迅速、全面地占有经济信息，就能使自己在国际经济谈判中获得较多的主动权。

(3) 国际传播为跨国公司提供了便利。借助于现代信息技术，就能打破企业间的竞争和合作的地域限制。如今，一个全球性企业可以把它的研究开发部门、加工基地、销售总部分设在世界各地、这些部门之间的信息交流就像在同一座办公楼里一样方便。

(4) 国际传播是开拓和巩固国际市场的有力武器。可口可乐、柯达公司、索尼公司等企业不惜重金资助世界性体育比赛，换取在赛场张贴其产品广告的权利。跨国公司通过国际广告、影视节目在世界诱导一种消费其产品的偏好，使民众不管其意识形态如何，都成为其产品的稳定消费群体。埃塞俄比亚广播电台曾经从美国输入了一些戏剧节目，圣诞节期间，这些节目在该国掀起了安置圣诞树和赠送礼物的风气，最后连圣诞树都要从美国进口。①担任过福特汽车公司北美汽车经理部副董事长的威廉·伯克曾说，“世界上将只有一个市场，风行一种时尚”，因为可以依靠传播媒介制造出“单一的消费情趣”，“如果商品不能适应市场，那么就要把市场改造得适应商品”②。

2. 经济实力是国际传播、文化文流的基础

对一个独立国家来说，经济和技术实力是文化交流的基础，没有经济实力，一个国家难以繁荣自己的民族文化，难以建立完善的文化设施；没有繁荣的民族文化，一个国家就拿不出优秀的文化产品向国外输出；没有经济实力，一个国家就没有发达的传播媒介向国外输出自己的文化信息。

虽然国际文化交流不等同于国际贸易，因为国际上的商业贸易可以用贸易额去计算，而国际文化交流和某些国际信息交流难以计量。但是，一个国家用于文化交流的或国际传播的费用，出国访问学者的数量，接受外国留学生的数量，为国外学生设立奖学金的数量，在国外设立的文化设施机构和出口电影、录像节目、录音带、图书杂志、印刷品的数量，短波电台的数量、

---

① 李茂政：《传播问题大辩论》，台湾正中书局 1988 年版，第 205-223 页。

② ［英］保罗·哈里逊：《西方对第三世界的文化征服及其后果》，载《中流》杂志 1991 年第 1 期。

播出节目的时间都可以作为计算文化出口的数量尺度。现在世界186个国家（地区）中，只有少数国家有详细的文化交流计划，并有相应的机构传播自己的文化。法国学者认为大约有15个国家是文化强国，其中最重要的是美、俄、英、法、德、意、日等发达国家。

国际传播和文化交流在两个发达国家的交流情况，不同于发达国家和发展中国家的交流情况。前者的交流是双向的交流，后者的交流基本上是单向的交流。

三、世界各国的传播体系

（一）国际传播与各国传播制度

由于不同的文化传统、不同的社会发展阶段、不同的时期、不同的科技发展水平，世界各国有着不同的传播制度。在传播制度的文字表达上，各国的规章制度有时有很相似的地方，但是对这些规章制度常常有不同的解释。许多国家的宪法都规定言论和出版的自由，但对它们的解释却可能大不相同。在自己国家内实行何种传播制度是一个国家的主权，他国无权干涉。

在从事跨越国界的国际传播时，信息发送者如果不了解目的国的传播制度，就不能明了该信息在该社会中的传播过程。信息接收者如果不了解信息发出国的传播制度，就不能明了该信息的发送过程，对其发出的信息难以作出正确的估价。为了提高交流的效益，双方必须了解对方的交流制度。

了解各国的传播制度需要了解关于大众传播的不同理论，各国的意识形态不同使得指导大众传播的理论思想亦不同。美国关于大众传播不同理论的代表作《报刊的四种理论》（弗雷德·赛伯持、西奥多·彼德森、威尔伯·施拉姆合著，书中的“报刊”实际上指一切大众传播媒介）在国际学术界颇有影响。该书提到的四种理论分别是：集权主义理论、自由主义理论、社会责任理论和苏联共产主义理论。这些理论又分为两个体系：集权主义理论和前苏联共产主义理论属于一个体系，是“专制的”传播制度的理论；自由主义理论和社会责任理论属于一个体系，是“民主的”传播制度理论。该书三名作者均是新闻学者和传播学传统学派的学者。西方传播学批判学派的学者对这四种理论，特别是对关于社会责任理论和苏联共产主义理论的观点持批判态度。

我们认为，目前世界上主要有三种大众传播理论：社会主义的大众传播理论、西方资产阶级国家的大众传播理论和一些发展中国家运用的发展传播学理论。这种划分只能是粗略的，世界各国国情各异，多数国家运用的理论不能完全符合以上三种理论。但是，这种划分法有利于我们了解不同国家的对内和对外传播。

（二）社会主义国家的传播体系

社会主义国家的传播制度建立在马克思主义基本原理的基础上，其基本特征是由社会主义的经济基础和政治制度所决定的。在社会主义制度下，从事国内和国际传播的报刊、电台、电视台、通讯社、电影制片厂等大众传播媒介及其生产资料都属于人民所有。无产阶级是领导阶级，无产阶级政党是执政党，它代表人民的利益，担负着领导国家、管理社会、引导人民前进的任务。在大众传播媒介的经济效益和社会效益的关系上，社会主义国家更强调社会效益。

以社会主义国家的新闻事业为例，可以看到社会主义传播体系的鲜明特征。社会主义的新闻媒介是无产阶级政党的喉舌、政府的喉舌，它在舆论上保障人民管理国家的权力，是党联系人民群众的一条重要纽带，是用社会主义思想教育人民的重要阵地。社会主义新闻事业的宗旨是为人民服务，推动社会主义物质文明和精神文明的建设。社会主义新闻事业不是任何人的私有企业，不能单纯地以盈利为目的。因此，对于社会主义新闻事业来说，考虑新闻价值绝不能离开其政治意义，即它对社会主义新闻事业的促进作用，对人民的鼓舞教育作用等。社会主义新闻事业的内部管理机制是执政党领导下的编辑委员会负责制；编辑委员会由上级主管部门任命和管理；编辑委员会通常由社长、副社长、总编辑、副总编辑、秘书长和若干委员组成，是掌握编务、行政的集体领导机构。

对待新闻自由，社会主义国家的观点不同于西方国家，主要是：

第一，新闻自由不是抽象的，而是具体的；不是绝对的，而是相对的。在阶级社会中，只有一定阶级的新闻自由，没有超阶级的新闻自由。

第二，新闻自由是社会发展到一定历史阶段的产物，不是永恒的东西。在不同的社会发展阶段、不同的时期、不同的国家、不同的阶级关于新闻自由各有不同的理论和政策。比如，自由资本主义时期和垄断资本主义时期，资产阶级民主政治制度和法西斯政治制度时期，和平时期和战争时期，无产阶级革命时期和社会主义建设时期，中国和其他社会主义国家等，在各种不同的情况下，对新闻自由的权利和限制有许多具体的区别。

第三，新闻自由作为民主权利的一部分，和一般的民主、自由一样，既是目的，又是手段。就一定时期的具体斗争来说，民主自由是目的；而就终极目的来说，它们是手段。新闻自由也是如此。在一定的条件下，无产阶级和资产阶级都曾把争取新闻自由作为斗争的具体目标；为言论自由而战斗，这是一个富有号召力的口号。任何阶级都不会把斗争仅仅限制在争取新闻自由上。争取新闻自由，是为了宣传自己的政治思想以争取群众，是为了形成舆论去夺取政权和巩固政权。①

（三）西方国家的传播体系

西方国家的传播体系指的是当前美、英、德、法等国实行的传播体系，以美国最为典型。

在美国从事国际传播（对外宣传）的新闻总署、电台（美国之音、自由欧洲电台、马蒂广播电台等）、电视系统②等大众传播媒介及其生产资料都属于国家所有。费用由政府直接拨款，官员由政府任命，其对外宣传只讲“社会效益”，不考虑经济效益。

从事国内传播的报纸、电台、电视台、通讯社、电影制片厂等大众传播媒介及其生产资料都是私有企业，属于各个大财团。例如，摩根财团所有的新闻出版机构就控制了《纽约时报》、《北美评论》、《时代周刊》等报刊；摩根和洛克菲勒两大财团控制了美国的三大广播公司——全国广播公司（NBC）、美国广播公司（ABC）和哥伦比亚广播公司（CBS）。这些从事大众传播媒介的企业都以盈利为目的，一切信息产品都是商品。因而在经济利益和社会效益的关系上是商业利润第一。各企业自由竞争，主张其媒介和文化产品应自由地向国外推销，以牟取商业利益。这些私人企业是由国内大大小小的资本家们控制。控制的手段就是广告。例如，1978 年美国报纸的广告收入是 123 亿美元。报纸的 70%～80%的收入来自广告。而到了 2013 年，广告收入则达 375.9 亿美元。如果某家报纸或电视台的编辑方针不合资本家们的意，他们就不向该报纸或电视台投广告，而让其破产。由于传播媒介为不同资本家财团所有，是不同资本家的“喉舌”，它们可以发出不同的声音，可以对政府的政策唱反调，甚至直接批评总统。因而，其传播制度被西方资产阶级传播学者们吹捧为“民主自由”的传播制度。

西方国家的传播制度的理论主要有两种：大众传播工具的“自由主义

① 成美、童兵：《新闻理论教程》，中国人民大学出版社 1993 年版，第 109～115 页。

② 1981 年到 1986 年在里根时期建立的政府电视网络，这个叫做 Worldnet 系统，把 60 个海外电视台与华盛顿的新闻总署总部联系起来，被称为美国对外宣传“王冠上的宝石”。

理论”和“社会责任理论”。前者形成于自由资本主义时期，它要求完全的言论出版自由，反对政府干涉；后者兴盛于垄断资本主义时期，认为大众传播工具不仅是自由的，而且要对社会负责。两者都以“新闻出版自由”作为自己的基本原则。在美国，这项基本原则在法律上来源于1791年通过的《美国宪法修正案》（即《权力法案》）的第一条：“国会不得制定下列法律：确定一种国教或禁止信教自由；剥夺人民言论及出版自由。”

实际上，这种自由是以不危及资本主义私有制和资产阶级的根本利益为条件的。正如政治自由是有限度的一样，新闻自由也是有限度的。联合国教科文组织的“国际传播发展计划委员会”的报告中说：“新闻自由实际上并不是没有限度的，它像一切其他事物一样，是受到社会上可能发生的事情限制的一种政治和专业理想，我们如果考虑到消息情报的内容，特别是考虑到有关亵渎、侮辱、造谣、诽谤、国家机密、国际法等等的条例，这一点就更为明显。”① 自诩为新闻最自由的美国，在1991年海湾战争中，政府授命军方对这次战争的新闻报道严加控制，1500名在海湾战区的新闻记者没有自由报道真实的战况。这种情况被一些美国记者们称为“真正的书报检查制度”，是一件“民主国家的记者们最可怕的做法”②。一位美国学者也说，“美国自己尽管呼吁出版自由，但对外国的新闻记者从规章制度上实行着很多的限制”③。

西方资产阶级的“新闻自由理论”和“社会责任论”，实际上都是为其政治和经济利益服务的。当他们在国内要求巩固自己的统治时，提倡“社会责任论”；当他们向发展中国家输出大众文化和信息“商品”、进行政治宣传、思想和文化渗透时，却又高喊“传播自由”和“新闻自由”。

（四）一些发展中国家的传播体系

发展中国家大多以发展传播学的理论作为自己传播体系的理论基础，这一理论的主要思想是：国家发展是新闻事业的首要任务，新闻工作者应当以国家发展为己任，在尽到这一责任的前提下，享有采访与传播新闻的自由。

---

① ［爱尔兰］肖恩·麦克布赖德：《多种声音一个世界》，中国对外出版公司第二编译室译，中国对外翻译出版公司1981年版，第285页。

② Hachten, W. A.. *The World News Prism*. Iowa State University Press, Third edition, 1992, p. 165.

③ Roach, C.. The U. S. Position on the New World Information and Communication Order. in: *Journal of Communication*, 1987, pp. 36-51.

为了国家发展的利益，政府有权介入，限制新闻工具的活动以至实行检查制度。这一理论的主要内容有：

（1）所有的宣传媒介和国家新闻机构必须由政府动员起来，担负起建设国家的伟大任务，同文盲和饥饿作斗争，帮助经济发展，树立政治信念。

（2）媒介应该支持中央政府而不是向它挑战，不能批评政府，因为政府更迭会引起社会动乱。出版自由应根据社会发展的需要加以限制。

（3）信息和新闻是国家的珍贵资源，对它的利用必须符合国家的利益。领导和被领导者的信息应该由上往下流通，就像传统的专制主义那样。

（4）个人的表达权和其他公民权等人权，在国家面临严重的贫困、疾病和文盲的情况时，应让位于民族的生存权。

（5）在国际新闻领域中，控制外国的新闻记者和国际信息交流是各国主权之内的权力。

坚持这一理论的一般是那些缺乏报纸、电视等大众宣传媒介的比较贫穷的发展中国家。

（五）国际传播应遵循的基本原则

国际传播是国际关系众多方面的一个方面，国际关系所遵循的原则应是指导国际传播的原则。我国倡导的和平共处五项原则，即互相尊重主权和领土完整、互不侵犯、互不干涉内政、平等互利、和平共处，这些原则已被国际社会公认为当代国际关系的基本法则。和平共处五项原则理应也是国际传播所应遵循的基本法则，它具体体现在：

（1）国家主权原则。国家主权在国际传播方面表现为对本国信息资源有完全的管辖权；对其领土范围内的传播活动有完全的管辖权。例如，对跨越国界的卫星电视广播接收依法进行管理，是任何主权国家无可争议的权力，是行使和维护国家主权的体现，外国记者的采访报道应在所在国法律允许的范围内进行。

（2）互不侵犯原则。各国电视节目应定向覆盖本国地域，未经他国政府同意，不得出于非技术原因超越国界故意覆盖其他国家。

（3）不干涉内政原则。不同社会制度和不同文化传统的国家有不同的传播制度，各国传播制度和民族传统应受到他国的尊重。各国的事务应由各国人民自己去管，不能利用传播媒介干涉他国的内政。

（4）平等互利原则。各国应在平等的基础上，充分参与国际传播事务，使与各国密切相关的传播问题能公正地得以解决。例如，在外层空间传播资源的分配上，应平等公正地分配，以保证各国都能公平地使用同步卫星驻留轨道和空中无线电频率。现在，在同步卫星驻留点问题上实行的“先登后占”的办法，使少数发达国家占有外层空间的90%，在国际传播资源分配中占了优势，显然不符合平等的原则。所以，国际传播应有助于国际之间的平等合作，推动世界的进步和各国优秀文化的共同繁荣。

（5）和平共处原则。国际传播和信息交流应以维护国家和平安全，促进各国人民之间的了解、友谊和合作，发展人类的正义和进步事业为宗旨，抵制危害国际和平与安全，妨碍各国人民之间友好关系的行为。

在跨国的信息交流日益频繁的今天，国际传播理应有一套在和平共处五项原则的基础上制定的公正严密的“交通法规”，为世界各国所共同遵守。对违反“交通法规”者应给予制裁。然而，这只是世界上善良人们的美好愿望，战后国际传播的秩序对发展中国家是不公正的。

四、世界信息和交流新秩序

（一）战后国际间信息交流的特点及“信息自由流通”原则

自第二次世界大战以来，国际传播或国际交流一个很明显的特点是超级大国依靠经济和科技优势，在“信息自由流通”（free flow of information）的原则下，利用大众传播媒介，对发展中国家进行控制。这个原则是第二次世界大战以后，美国为了自己的利益而提出来的。当时，英国的路透社控制着国际新闻的阀门，对美国来讲，信息自由流通原则有利于自己控制国际信息和新闻的流通，这是建立和维持世界性商业和经济体系的先决条件①。

此外，信息自由流通也是美国实现其政治野心的必备条件。

战后形势给美国带来了实现其目的的机遇。当时英法的新闻业陷入财政困难，美国的新闻机构美联社和合众国际社出现在国际新闻界的舞台。美国新闻业得到美国商业界和政府的大力支持。美国商业界清楚地认识到，新闻信息对他们在世界各地的贸易和投资具有重要的作用。当时，各国人民长期在受压抑的战争状态下生活，在信息交流领域，欺骗宣传和严格的书报检查制度使人们感到厌倦。所以，当美国宣扬国际“信息自由流通”原则时，受到了广泛的欢迎。1946年，“信息自由流通”很轻易地就被联合国教科文组织所接受，而这也是1948年联合国发表《人权宣言》的第19条中关于个人寻找、接受和输出信息权利的背景，联合国的其他文件例如《联合国

---

① Hedebro, G.. *Communications and Social Change in Developing Nations*. The Iowa State University Press, Ames, 1982, pp. 55-56.

宪章》也表达了类似的思想。

可是，多年来的实践表明，国家之间的信息自由和平等交流从未实现过，反而出现了一种单向交流的局面，即从发达国家向发展中国家的单向流动。国际新闻机构也大多控制在发达国家手中，蜕变成一种跨国的新闻企业，而不是国际传播的新闻机构。在发展中国家有重要影响的新闻机构是美联社、法新社、合众国际社。在“信息自由流动”原则下，这些新闻机构保持一定形式的独立，但是，这种独立是表面的，美国人本·巴格迪坎（Ben H. Bagdikian）在《传播媒介的垄断》一书中指出，最近25年中，美国的50家大公司控制了美国的传播媒介，这些大公司又与其他大跨国公司和跨国银行在经济上形成了极为密切的连锁关系。这种垄断的后果是：编辑和记者都不得不在新闻和评论的内容上屈从于垄断资本的利益。

发展中国家基本上没有向世界其他各国清楚地阐明自己国内事务的渠道，许多发展中国家虽有自己的新闻机构，但很少能把国内信息传到国外，国外得到的关于它们的消息大多来自西方国家。这种发达国家以操纵世界传播媒介为手段维护自身利益的状况，被称为“传播媒介统治”。由于信息和传播领域的自主权与政治、社会、经济和文化的自主权交织在一起，所以发展中国家的国家主权、民族经济、民族文化和国家安全都受到了“传播媒介统治”的侵害和威胁。因而，从20世纪70年代起，发展中国家为了维护自己的国家主权和民族利益，向“信息自由流通”原则提出了挑战，提出了建立“世界信息和交流新秩序”的要求。

（二）发展中国家为建立“世界信息和交流新秩序”的斗争

20世纪70年代，世界信息和交流问题得到发展中国家的重视，这些问题成为七八十年代近20年里国际会议的中心议题之一。1973年，在阿尔及尔召开的第四届不结盟会议上，提出了“关注大众传播领域里的工作”，以“促进不结盟成员国之间的信息的进一步的相互交流”。1976年3月，不结盟国家在突尼斯举行的不结盟国家新闻讨论会上提出了建立“世界信息和交流新秩序”（New World lnformation and Communication Order，也译作“世界新闻和传播新秩序”）的要求。该会议的报告说，“发展中国家成为信息统治的牺牲品，这种统治是对发展中国家最根本的文化价值的打击”。1976年8月，在科伦坡举行的第五次不结盟国家首脑会议，在其《政治宣言》中郑重宣布：“信息与交流领域的国际新秩序同国际经济新秩序一样重要。”两个月后，发展中国家向第三十一届联合国大会和第十九届联合国教科文组织大会提交了旨在建立国际信息交流新秩序的议案。此后的30多年里，联合国大会和联合国教科文组织成为发展中国家在国际上为争取建立国际信息交流新秩序而斗争的主要舞台。1977 年 11 月联合国教科文组织成立了国际交流问题研究委员会（The International Committee on the Study of Communications Problems）。1980 年，该委员会向教科文组织第二十一届大会提交了名为《多种声音，一个世界：交流与社会，今天与明天》的报告，集中反映了发展中国家的基本要求。

“建立世界信息和交流新秩序”的口号，受到各社会主义国家的支持，却遭到以美国为首的少数发达国家的反对。一场国际性大论战就在联合国教科文组织和联合国其他有关组织召开的一系列国际会议上展开。这场论战虽然在信息和交流领域里进行，但涉及国际政治、经济、外交、文化、法律等许多方面的问题。其中争论的主要焦点有：

1. 尊重国家主权与自由传播信息之争

以美国为首的少数西方国家认为，世界信息和交流的新秩序是以牺牲信息自由流通为前提的。发展中国家的观点是：发展中国家不是反对信息自由流通，而是反对国际信息和交流领域里不均衡的“单向传播”的不合理局面。因此，建立均衡的“双向流通”的信息交流新秩序，使发展中国家能够平等地行使信息交流的权利是完全正当的。关于“自由传播信息”和国家主权原则的关系，“大多数国家以及国际法学者中较普遍的意见是：国家主权的原则是现代国际法的一条重要原则，也是国际法的基础，并不存在毫无限制的所谓‘自由传播消息’的国际法原则。《世界人权宣言》第 19 条和《公民及政治权利国际盟约》第 19 条，均规定人人有权‘不分国界，寻求、接受并传播各种消息及意见自由’。但是，这种消息的自由传播是受到限制的。依照《世界人权宣言》第 28 条，‘人人享受本宣言所载权利与自由可得全部实现之社会及国际秩序’。据此，国家本身为了保障其境内的社会秩序，应有权对损害或破坏其社会秩序的某些信息的传播加以限制。同样，上述盟约第 19 条规定，本条所载的权利的行使‘得予以某种限制’，这种限制‘须经法律规定并为下列各项所必要者：（甲）尊重他人权利或名誉；（乙）保证国家安全或公共秩序、或公共卫生或风化’”①。

可见，所谓“自由传播信息”并不是绝对的，它不应和尊重国家主权的原则对立起来，而应在尊重国家主权原则的基础上进行。

① 贺其治：《外层空间法》，法律出版社 1992 年版，第 144~145 页。

2. 新闻法与新闻道德问题

发展中国家和社会主义国家都认为，要制定新闻国际法，把国际新闻活动纳入国际法约束范围，认为没有国际新闻法和职业道德的约束性规范，会产生对不发达国家的新闻报道不真实、不客观，以致歪曲、丑化的弊端。美国等西方国家对这种要求不感兴趣，甚至表示反对。

经过近 10 年的争论，在改进国际信息和交流方面有所进展，但旧的格局仍未打破。美国在种种反对新秩序的手段未能奏效后，以联合国教科文组织管理混乱和过于政治化为由，在 1984 年 12 月 31 日退出了该组织。英国紧随其后，于 1985 年 12 月 31 日也退出了联合国教科文组织。在联合国中，有 70 个国家成员参加的联合国信息委员会（The United Nations Communication Information）从 20 世纪 80 年代初以后的一切有关信息传播的决议，均遭到以美国为首的西方国家的反对。因而建立“世界信息和交流新秩序”作为国际舞台上的一个争论议题，在 20 世纪 80 年代后期基本结束，而且在短时间内不会被重提。建立世界信息和交流新秩序看来是一场长期的、复杂的、艰巨的斗争。

当前，发展中国家开始把更多的注意力集中到实际的国际传播理论上来，即国际传播及相关的技术如何能有助于发展国内的社会和文化，而不是对国内的社会和文化发生有害的影响。它们像发达国家那样日益集中在如何应付向“信息社会”全球性转变的挑战，特别是通信卫星技术和数字通信网络技术方面的发展，促进了这一方面的研究。

后　记

党的十八大从国家建设和发展的战略全局出发，对加快推进对外开放作出了战略部署。习近平主席在2013年出访哈萨克斯坦和印度尼西亚期间提出了共建“丝绸之路经济带”和“21世纪海上丝绸之路”的倡议。党的十八届三中全会也强调要推进“一带一路”建设。这既是推动世界和平发展的大国方略，也是提升亿万国人对外交流广度频度深度的大好机遇。欣逢盛世，青年学子对学习知识、增长才干、加强交流、拓宽国际眼界和视野的需求更为迫切。这也是《涉外交流学概论》编写团队笔耕不辍，将历年来从事涉外交流、教育、管理实践所积累的素材整理奉献的精神动力。

《涉外交流学概论》是海军工程大学2014年度计划立项的学术论著。该书由喻子敬、邓波负责书稿纲目的拟定和全书统稿，各章节的撰写者分别是：喻子敬、邓波编写第一章、第三章；彭克慧编写第二章、第四章；邓波编写第五章。

本书的编写离不开海军工程大学领导的大力支持，以及机关和外训系同事的鼎力协助。祝剑、朱建鹏、龚梅、卢甜在前期研究工作中做了基础性工作，潘卫星、邓星海、张恒睿参与了许多重要内容的修订，黄友牛教授提供了学术指导。武汉大学出版社对本书出版给予了宝贵支持，武汉大学外语学院研究生彭乐对本书的翻译校对付出了大量努力，海军工程大学外国语言文学专业的杨晓鹤、曾宗根、李正文、罗荣华等9人承担了部分校对工作。在此，谨对所有给予本书帮助支持的单位和个人表示衷心的感谢。

涉外交流学是个不断创新完善的复杂知识体系，由于水平有限，书中难免有疏漏和错误之处，敬请广大读者对本书提出宝贵意见。

编　者

2015年12月